In der gleichen Reihe erschienen:

Aktienanleihen – Index-Zertifikate – Discount-Zertifikate
ISBN 3-8029-3713-9

Schnellkurs Aktien
ISBN 3-8029-3689-2

Schnellkurs Biotech-Aktien
ISBN 3-8029-3708-2

Schnellkurs Hightech-Aktien
ISBN 3-8029-3709-0

Schnellkurs Daytrading
ISBN 3-8029-3712-0

Profi-Handbuch Daytrading
ISBN 3-8029-3318-4

Profi-Handbuch Multimedia- und Hightech-Aktien
ISBN 3-8029-3317-6

Schnellkurs Umwelt-Aktien
ISBN 3-8029-3741-4

Internet-Börse
ISBN 3-8029-3674-4

Futures – Optionen – Anleihen
ISBN 3-8029-3653-1

Schnellkurs Optionsscheine
ISBN 3-8029-3707-4

Derivate: Riskant, aber profitabel
ISBN 3-8029-3629-9

Profi-Handbuch Neuer Markt
ISBN 3-8029-3711-2

Profi-Handbuch Investmentfonds
ISBN 3-8029-3365-6

Aktien: Spekulieren auf Baisse
ISBN 3-8029-3719-8

Wir freuen uns über Ihr Interesse an diesem Buch. Gerne stellen wir Ihnen kostenlos zusätzliche Informationen zu diesem Programmsegment zur Verfügung.

Bitte sprechen Sie uns an:

E-Mail: walhalla@walhalla.de
http://www.walhalla.de

Walhalla Fachverlag · Haus an der Eisernen Brücke · 93042 Regensburg
Telefon (09 41) 5 68 40 · Telefax (09 41) 56 84 111

Georg Hierstetter

Daytrading mit Aktien

Kurzzeitspekulation für Einsteiger

WALHALLA
FACHVERLAG

Die Deutsche Bibliothek – CIP-Einheitsaufnahme

Hierstetter, Georg:
Daytrading mit Aktien : Kurzzeitspekulation für Einsteiger / Georg Hierstetter. –
Regensburg ; Berlin : Walhalla-Fachverl., 2001
(Geld & Gewinn)
ISBN 3-8029-3738-4

Zitiervorschlag:
Georg Hierstetter, Daytrading mit Aktien
Regensburg, Berlin 2001

Hinweis: Unsere Ratgeber sind stets bemüht, Sie nach bestem Wissen zu informieren.
Die vorliegende Ausgabe beruht auf dem Stand von Juli 2001. Verbindliche Auskünfte holen
Sie gegebenenfalls bei Ihrem Steuerberater oder Rechtsanwalt ein.

Produktion: Walhalla Fachverlag, 93042 Regensburg
Umschlaggestaltung: Gruber & König, Augsburg
Druck und Bindung: Westermann Druck Zwickau GmbH
Printed in Germany
ISBN 3-8029-3738-4

Nutzen Sie das Inhaltsmenü:
Die Schnellübersicht führt Sie zu Ihrem Thema.
Die Kapitelüberschriften führen Sie zur Lösung.

Schnellübersicht

Schnellübersicht

Daytrading – die intelligenteste Art des Börsenhandels!

Dieses Wort treffen wir immer öfter im Börsengeschehen an. Die Meinungen zum Sinn oder Unsinn, zur Berechtigung oder gar zu dessen Empfehlung, gehen weit auseinander. Oftmals erinnert es mich an die Auseinandersetzung zwischen politischen Parteien, wobei der Eindruck vorherrscht, dass besondere Zielrichtungen oder Interessenlagen einen wesentlichen Einfluss auf die Kommentare und damit die Berichterstattung haben.

Da werden negative Einzelbeispiele herausgegriffen, diese medienwirksam aufbereitet, sensationslüstern gesendet, um damit einen beabsichtigten Abschreckungseffekt zu erzielen. Gute Recherchen und ein tatsächliches Auseinandersetzen mit der Materie bleibt leider die Ausnahme.

Wen will man damit abschrecken und warum?

- Hält man den sonst so mündigen Bürger in diesem Bereich für zu einfältig?
- Könnte er damit überfordert sein?
- Bezweifelt man seine Fähigkeiten, die Geldgeschäfte in Eigenregie erledigen zu können?
- Möchte man den „Börsianer" doch lieber an der langen Leine einer gewissen Kontrolle führen?

Sollten Aktionäre nicht besser ihr Geld langfristig investieren oder sich doch wieder von der Eigenständigkeit in die „geführte Empfehlungsschiene" zurückentwickeln? Sein Depot zu haben, in „professionell" gemanagte Fonds zu investieren (die ersten selbst ernannten Gurus wurden bereits entlassen), Analystenempfehlungen blind zu folgen, sich auf TV-Börsenspiele zu verlassen, ist dies der richtige Weg der Zukunft?

Daytrading – die intelligenteste Art des Börsenhandels!

Wie verhält es sich mit den Ratschlägen der Börsenspezialisten, wenn diese eine Aktie beim Kurswert von 200 EUR zum Kauf empfohlen haben und eben diese Aktie steht nach einem Jahr unter 10 EUR? Dies ist ein Verlust von 95 Prozent! Diese oder ähnliche Beispiele kennen wir alle zur Genüge. Eine viel schlechtere Performance könnte selbst ein eigenständiger Daytrader mit größter Anstrengung nicht schaffen!

Aus welchem Grunde sollte es beim Daytrading anders sein, fragen Sie sich zu Recht.

Eine Antwort darauf ist relativ simpel! Der Daytrader befasst sich täglich, persönlich, unmittelbar, voll eigenverantwortlich und dadurch sehr intensiv mit dem Markt und seinen Kauf- und Verkaufsentscheidungen. Er entwickelt eine wesentlich engere Beziehung zu seinem Aktiendepot und damit zu seinem Geld, und er lernt mit jeder neuen Order hinzu.

Die Kurzzeitspekulation und damit auch das Daytrading wird nach meiner Überzeugung seinen Siegeszug an den Börsen noch im verstärkten Maße fortsetzen.

„Weg von der alten These, Aktien jahrelang zu halten, viele Schlaftabletten zu schlucken, um später dann ein gutes Erwachen zu haben.“

Viele Börsianer wissen zwischenzeitlich, dass dieses Verhalten zu „unerwünschten Nebenwirkungen“ führen kann, was Sie ja auch auf jedem Beipackzettel lesen können. Sie wachen unter Umständen in der tiefsten Rezession auf und verschlafen die Hausse. Noch schlimmer wäre es, wenn Sie beim Aufwachen feststellen müssten, dass es den Aktienwert gar nicht mehr gibt.

Praxis-Tipp:

Die moderne Technik, auch im Börsenbereich, hat sich enorm weiterentwickelt. Der Zeitgeist ist wesentlich schneller geworden und die Menschen sind aufgeklärter. Die Zeiten, in denen Sie langfristig auf eine Aktie oder Branche setzen konnten, dürften sich dem Ende zuneigen. Der große Börsentrend wird langfristig sicherlich „bullish" bleiben, jedoch die Volatilitäten werden extremer. Daher ist ein gezieltes Stockpicking erforderlich. Dies erfordert in zunehmenden Maße eigenen Einsatz und Aktivität.

Klar ist, dass Sie in diesem sehr spekulativen Börsensegment nur mit einem begrenzten Teil Ihres Tradingkapitals investiert sein dürfen. Die laufende Zurückhaltung einer Cash-Position gehört genauso dazu wie ein geschicktes Risikomanagement für Ihr gesamtes Portefeuille.

Ziel dieses Buches ist es, Ihnen Hilfsmittel, Einsichten, Tipps, Techniken, Sicherheitsmechanismen, mentale und psychologische Verhaltensweisen, interessante Zusammenhänge und vor allem die Praxis des Daytradings mit Aktien aufzuzeigen.

Falls mir dieses gelungen ist, so werden Sie zukünftig Ihre Börsengeschäfte verstärkt in die eigene Hand nehmen.

Bitte bilden Sie sich nach der Lektüre dieses Buches eine Meinung zu diesem Thema, da Sie anschließend über mehr und genauere Informationen verfügen. Falls Sie sich zum Daytrading entschließen, so werden Sie sicherlich aufregendere Tage erleben als bisher. Ich bitte Sie um die nötige Selbstdisziplin für diese Tätigkeit und wünsche Ihnen erfolgreiche Trades.

Georg Hierstetter

Begriffsbestimmung, Grundlagen und persönliche Einstellung

Die weit überwiegende Anzahl aller Daytrader hat diese Art der Börsengeschäfte mit dem Instrument der Aktien erlernt und ist damit auch in späterer Zeit tätig. Nur ein kleinerer Teil der hochspekulativen Börsianer entwickelt sich weiter, verfeinert die Möglichkeiten und verschafft sich neue Chancen an den Terminmärkten.

Begriffsbestimmung

Was ist nun eigentlich ein Daytrader? Diese Frage wird ebenso häufig gestellt, wie sie auch unterschiedlich interpretiert wird. Sind diese besonderen Börsenteilnehmer allesamt nur Zocker, Hasardeure oder Glücksritter? Ist diese Art des Börsenhandels verrufen oder gar als unseriös zu bezeichnen? Benötigt man dazu eine besondere Ausbildung, unter Umständen sogar ein Wirtschaftsstudium? Sind vom Lebensalter oder vom Kapitaleinsatz her Einschränkungen oder Begrenzungen zu beachten? Müssen Sie für diese Tätigkeit gar ein Computerexperte oder Hightech-Freak sein?

Nein! Nichts von alledem!

Wichtig: Die Begriffsbestimmung finden wir einfacher über die zeitliche Schiene. Dies bedeutet, dass ein klassischer Daytrader noch am selben Tage, an dem er eine Kauforder durchführt, diese auch wieder schließt. Kauf und Verkauf finden demnach innerhalb eines Tages statt. Im Laufe der Zeit hat sich jedoch eine Weiterentwicklung in der Weise ergeben, dass ein Zeitraum von maximal drei Börsentagen noch zum „Daytrading" gezählt wird. Dieser längere Zeitraum macht auch Sinn.

Beispiel:

Am späten Nachmittag läuft eine Ad-hoc-Mitteilung, dass ein Unternehmen eine wichtige Kooperation eingegangen ist, die

Zulassung eines Medikamentes erhalten, einen Riesenauftrag an Land gezogen, ausgezeichnete Geschäftszahlen vorzuweisen hat oder Ähnliches mehr.

Sie eröffnen eine Position, d.h. Sie kaufen Aktien dieser Firma. Nach kurzer Zeit stellen Sie fest, dass die Nachfrage und das Handelsvolumen in diesem Wert langsam ansteigen, jedoch der entscheidende Kick fehlt noch. Dies ist auch ganz normal und verständlich. Erst im Laufe der nächsten Stunden wird die positive Nachricht über die verschiedenen Medien publiziert. Der Großteil der Aktionäre kann sich erst nach Feierabend mit dieser Materie befassen, um entweder selbst online Trades durchzuführen oder am nächsten Tag seiner Bank eine entsprechende Kauforder zu erteilen. Frühestens am nächsten Morgen kann die Nachricht erst in den Tageszeitungen publiziert werden. Dies bedeutet, dass der markante Kursanstieg oftmals erst am zweiten Tag erfolgen kann und wird. Sind Sie da bereits aus dem Markt, können Sie in aller Regel nur einen kleineren Gewinnanteil an der Kurssteigerung mitnehmen.

Praxis-Tipp:

Daytrading ist demnach der gezielte, kurzzeitige Einstieg in Aktienmärkte mit dem Ziel, aus prognostizierten Kurssteigerungen ausgewählter Aktien Gewinne zu erzielen. Die Verweildauer in den Märkten, bzw. das Halten der eigenen Position, ist je nach Marktsituation individuell zu bestimmen und erstreckt sich über ein bis drei Tage.

Grundlagen

Den Entschluss zu fassen, Daytrader zu werden, sich dann hinzusetzen und mit dem erfolgreichen Handel zu beginnen, wird so einfach nicht funktionieren!

Wenn Sie in diesem Marktsegment tätig sein möchten, müssen Sie vorher, wie in jedem anderen Beruf auch, die Rahmenbedingungen schaffen, innerhalb welcher Sie Ihr Vorhaben erfolgreich ausführen können. Dazu gehören:

- Technische Ausstattung
- Fachliche Fähigkeiten
- Finanzieller Rahmen
- Überlegte Vorgehensweise
- Zielplanung
- Abstecken eines Handelsrahmens
- Erstellen eines Tradingplans

Der Tradingplan fasst die vorgenannten Einzelmaßnahmen zu einem Paket zusammen, welches auf Ihre persönlichen Verhältnisse hin zugeschneidert werden muss.

Der Daytrader sollte seine Chance innerhalb bestimmter Marktsituationen erkennen und diese entsprechend nutzen.

Einstellung

Zu dieser besonderen Art des Börsenhandels sind bestimmte persönliche und charakterliche Eigenschaften bzw. Voraussetzungen erforderlich. Diese lassen sich komprimiert wie folgt skizzieren:

- Eigene Aktivitäten
- Interesse an wirtschaftlichen Zusammenhängen
- Spaß am Börsenhandel
- Fleiß und Ausdauer
- Laufende Weiterbildung
- Selbstvertrauen
- Entscheidungsfähigkeit

- Risikobereitschaft
- Disziplin im Gewinn- und Verlustfalle
- Nervenstärke
- Unbedingte Einhaltung des Tradingplans

Einige dieser Eigenschaften können Sie sich nachträglich aneignen, ein Teil davon sollte jedoch bereits in Ihrer Persönlichkeit vorhanden sein.

Praxis-Tipp:

Es muss Ihnen unbedingt bewusst sein, dass es zum Daytrading in der Praxis gehört, Verlust- und Gewinntrades zu erzielen. Daher ist auch ein Verlusttrade, so komisch es im ersten Moment klingen mag, als ein positiver Vorgang zu werten, da er zum Ganzen gehört. Er ist gedanklich nur die Vorstufe zu einer neuen Gewinnorder. Daher dürfen Sie dem nicht unnötig nachtrauern, da Sie ansonsten Ihr Urteilsvermögen negativ beeinflussen, unsicher werden und neue Einsstiegschancen nicht erkennen oder umsetzen können!

Bitte nicken Sie jetzt nur nicht, weil ich dies gerne hätte. Diese Aussage ist ein elementarer Punkt im gesamten Daytrading, und den richtige Umgang mit dieser immer wiederkehrenden Situation müssen Sie unbedingt verstehen und akzeptieren können.

Beispiel:

Betrachten Sie die Situation doch einfach aus einer anderen Perspektive. Sie sitzen im Flugzeug und sehen die Autos, Häuser und Menschen ganz klein und ziemlich unbedeutend. Aus Ihrer neuen Warte haben Sie einen wesentlich größeren Überblick, erkennen die Zusammenhänge dadurch wesentlich besser und klarer und sind durch Nebensächlichkeiten nicht mehr abgelenkt.

Abkürzungen

DAX	Deutscher Aktienindex
Dow-Jones	Bekanntester amerikanischer Börsenindex
Euro Stoxx 50	Index der 50 wichtigsten Aktienwerte in Europa
GD	Gleitender Durchschnitt
MACD	Moving Average Convergence Divergence
Nasdaq	Amerikanische Technologiebörse
Nemax 50	Die wichtigsten 50 Aktienwerte am Neuen Markt
Nemax All-Share	Die weiteren Aktienwerte am Neuen Markt
OBV	On Balance Volumen
PIN-Nr.	Persönliche Identifikationsnummer
RSI	Relative Stärke Index
S&P 500	Standard & Poor's 500 (USA Index der 500 wichtigsten Werte)
TAN-Nr.	Transaktionsnummer
TBI	Trend-Bestätigungs-Indikator

Werdegang eines Daytraders

1

Erste Bekanntschaft mit Aktien

Der Impuls erfolgt auf den unterschiedlichsten Wegen. Sei es über die verschiedenen Medien (Fernsehen, Zeitungen, Werbung, Anzeigen), über Freunde oder Arbeitskollegen oder auch durch Ansprache durch die Hausbank oder den Steuerberater etc. Ganz egal, wie diese Sensibilisierung für die Börse erfolgt, viele, die dieser Virus erfasst, werden infiziert und möchten daher im „Geldtempel der Börse" aktiv werden und Ihr Glück versuchen.

Der nächste Schritt wird nun sein, dass Sie sich gezielt Fernsehsendungen auswählen oder Sender suchen, die über das Börsengeschehen berichten. Sie werden N-tv, Bloomberg oder N-24 finden. Die Telebörse wird den Krimi, Big Brother oder die Talkshow ablösen und Carola Ferstl oder Markus Koch werden nun Ihre ständigen Begleiter im Wohnzimmer sein und nicht mehr Günther Jauch oder Ulrich Wickert. Abwechslung macht das Leben schön.

Flankierend dazu stöbern Sie in Buchhandlungen, am Kiosk und durchforsten das Bücherangebot im Internet nach geeigneter Literatur für Ihr Vorhaben. Werden Sie dabei fündig, verschlingen Sie diese geradezu und suchen weitergehende Informationen, um in diesem Metier noch fachlich bewanderter zu werden. Gleichzeitig spitzen Sie überall die Ohren, wenn über Kurse, Aktien, Insidertipps, Marktprognosen usw. gesprochen wird. In den Tageszeitungen suchen Sie oftmals nach Börsenstammtischen oder Investmentclubs.

Sie werden dann fiktiv die ersten Aktien kaufen (vorerst nur am Papier) und jeden Tag kontrollieren, wie sich „Ihre" Kurse entwickelt haben. Oftmals haben Sie das richtige Gespür, können Papiergewinne verzeichnen, und die Sache macht Ihnen Spaß und schafft auch einen gewissen Nervenkitzel.

Ein Blick auf die magere Rendite Ihres Festgeldkontos oder auf die Verzinsung des Bausparvertrages bestärkt Ihre Absicht, doch wesentlich mehr aus Ihrem Kapital erwirtschaften zu können. Alle Profis verkünden, dass langfristig ein Aktieninvestment die mit Abstand höchste Rendite erwirtschaftet. Diese Aussage lässt sich auch entsprechend belegen.

Daher führt der nächste Weg oftmals zur Hausbank.

Konservativer Börsenhandel

Was erwartet Sie nun häufig dort, wenn Sie nicht im Börsenzentrum einer Großstadtbank sind? In den Filialen sitzen in aller Regel gestresste Bankangestellte, die aufgrund der Aufgabenstellung einen Allround-Service anbieten, wobei die Wertpapieranlage nur ein Teil davon ist. Diese nehmen sich zwar Zeit für ein Beratungsgespräch und auch für die Sachaufklärung. Es ist jedoch effektiver, wenn Sie bereits klare Vorstellungen von den zu erwerbenden Aktien haben und auch ein gewisses Grundwissen besitzen. Ist dies nicht der Fall, werden Ihnen in aller Regel Aktienwerte zum Kauf empfohlen, die von der Zentrale im täglichen oder mehrtäglichen Turnus den Mitarbeitern mit den entsprechenden Argumentationsinformationen vorgegeben werden.

Davon abweichende, aufgrund eigener Recherchen oder durch Marktbeobachtungen ausgewählte Werte werden Ihnen aus den unterschiedlichsten Gründen nicht genannt. Sie erhalten nun aufgrund der vorgefertigten Meinung Ihre Empfehlungsaktien, natürlich ohne jegliche Gewähr oder Haftung dafür, ob diese Hinweise Ihnen Gewinne bringen oder zu Verlusten führen.

In aller Regel wird mit Ihnen nach einem Einführungs- oder Beratungsgespräch eine Vereinbarung getroffen, dass Sie nach Hinterlegung einer Geldsumme in diesem Rahmen Aktien einer bestimmten Risikoklasse kaufen und verkaufen können.

Praxis-Tipp:

Die Gebühren hierfür betragen regelmäßig 1 Prozent vom Kurswert der Aktien. Diese Gebühr entsteht sowohl beim Kauf wie auch bei der Verkaufsorder. Sind Sie ein besonderer Kunde oder handeln Sie in größeren Dimensionen und benötigen keine oder nur wenig Beratung, können Sie auch Gebührensätze bis maximal in halber Höhe vereinbaren. Daher mein Rat: Feilschen und verhandeln Sie entsprechend zäh, denn es geht um Ihr Geld, dass Sie schließlich erst verdienen müssen!

In der überwiegenden Anzahl wird Ihnen ein Engagement in konservativen Werten angeraten, am besten Aktien aus dem DAX. Dies sind die 30 wichtigsten Aktiengesellschaften in Deutschland. Diese Beratung ist grundsätzlich auch richtig. Wohin ein solches Investment allerdings auch führen kann, sieht man aktuell am größten Börsenwert in Deutschland, nämlich der Deutschen Telekom. Der Höchststand der Aktie lag bei 105 EUR. Die dritte Tranchenausgabe dieser Aktie erfolgte im Herbst 2000. Der Ausgabepreis betrug 65 EUR. Aktuell steht die Aktie bei ca. 26 EUR. Dies bedeutet einen derzeitigen Verlust von 60 Prozent. Besonders erschwerend kommt hinzu, dass eine gewisse Aktienkultur in Deutschland erst durch die Volksaktie Telekom entstanden ist. Dieses „Pflänzchen einer sprießenden Börsenkultur" hat man leider nicht gehegt und gepflegt. Vielmehr wurde es beinahe zertrampelt und ist zusammen mit weiteren, negativen Konstellationen (Absturz des Neuen Marktes, weltweite Baisse) dabei, zu verkümmern.

Wichtig: Jede Volkswirtschaft lebt von einer intakten Börse, da über diesen Weg die Unternehmen mit von Banken unabhängigem Kapital versorgt werden und damit dann investieren können. Dadurch werden Arbeitsplätze erhalten, neu geschaffen und unser aller Wohlstand gesichert.

Klassisches Daytrading, also das Eröffnen und Schließen einer Position am selben Tage, ist oftmals technisch nicht möglich. In der Praxis erfahren Sie am Ordertag nicht, ob Sie alle Aktien erhalten haben und zu welchem Preis. Dies ersehen Sie erst einen oder zwei Tage später, wenn Sie Ihren Kontoauszug mit dem Abrechnungsbeleg erhalten. Erst dann können Sie Ihre Verkaufsorder erteilen, weil die Gutschrift (sprich der Aktienbestand) gebucht und damit vorhanden ist.

Diese Situation ist zwar unbefriedigend, jedoch nur ein kleineres Problem, wenn Sie Ihre gekauften Aktien sowieso über einen längeren Zeitraum behalten möchten. Gerade dies jedoch ist nicht das Thema dieses Buches. Wir sprechen hier über die moderne Art der Kurzzeitspekulation.

Achtung: Da wir gerade bei dem Begriff „Spekulation" sind und diesem Wort immer noch der Makel des Unseriösen anhaftet, darf ich Ihnen meine Definition erläutern. Jeder Mensch, der am Börsengeschehen mit Geldeinsatz teilnimmt, tut dies, weil er für sein bewusst eingegangenes, höheres Risiko auch eine höhere Gewinnerwartung hat. Er stellt durch seinen Aktienkauf Unternehmen Geld zur Verfügung, ist damit Miteigentümer dieser Firmen und beteiligt sich dadurch aktiv am Wirtschaftsleben. Er lässt sein Kapital arbeiten und ist damit Spekulant im wahrsten Sinne des Wortes. Es fehlt in Deutschland noch an der nötigen Börsenkultur, wie sie in den USA existiert und dort in vielen Jahren gewachsen ist.

Psychologie des Sammlers

Wichtig: Von dieser typisch deutschen Tugend des Behaltens oder des Sammelns kann sich der Großteil der privaten Börsianer nicht freimachen. Auch viele professionellere Trader haben damit massive Probleme. Unsere menschliche Neigung geht eindeutig dazu hin, eine rege Sammlertätigkeit auszuleben. Wenn Sie intensiv bei sich selbst nachfragen, stellen Sie fest, dass diese bei alten Kleidungsstücken, Einrichtungsgegenständen und Erinnerungsstücken beginnt und sich natürlich auch über die Börse und damit Ihren Aktienbestand erstreckt. Wir möchten gerne alles behalten, wenn möglich vermehren, uns wenig Risiken aussetzen und täglich, monatlich oder jährlich das Anwachsen unseres Depots mit Freude betrachten.

Ist unser Depot nur um 30 Prozent gestiegen, war dies bei weitem nicht genug. Hatten wir ein Plus von 50 Prozent, war dies ebenfalls nicht ausreichend. Selbst bei 100 Prozent Gewinn möchten wir dann gerne 200 Prozent haben und mehr. Wenn uns jemand darauf aufmerksam machte, zu verkaufen und die Gewinne zu realisieren, wurde nur abgewinkt und dieser Ratschlag als Besserwisserei abgetan. Dieses menschliche Phänomen konnten Sie, ich und eine Vielzahl von Börsianern im letzten Jahr eindeutig an sich selbst und im Geschehen am Neuen Markt beobachten.

Es war bis zum Crash fast unmöglich, dort etwas falsch zu machen. Sie mussten buchstäblich mit Gewalt versuchen, Gewinne zu vermeiden, was Ihnen auch bei besten Vorsätzen nicht gelungen wäre, da schließlich alle Werte nur gestiegen sind.

In dieser großen Euphorie und Hausse kam zum Tragen, dass auch 100, 200 oder 300 Prozent Gewinn im Depot oder bei einzelnen Aktien nicht ausreichend waren. Man träumte von Erhöhungen um mehrere tausend Prozent. Täglich wurden uns die Beispiele aufgezeigt, wonach Mitarbeiter von EMTV oder Mobilcom bei einem Einsatz von rund 10.000 DM Millionäre wurden. Dem wurde nachgeeifert und eine Großzahl von Spekulanten sah in vielen Neuemissionen ebenfalls eine solche Performance winken. Es gab Neuemissionen, die waren bis zu 100-mal überzeichnet, darunter auch Unternehmen, die noch niemals eine schwarze Zahl produziert und bewiesen haben, dass sie überhaupt profitabel arbeiten können. Die Maschinerie lief auf Hochtouren. Die Firmen wurden mit Geld förmlich zugeschüttet. Einige Vorstände wollten dem nicht nachstehen. Ach, diese Geschichten kennen Sie ja selbst. Auch uns, den Spekulanten, ging es anfangs sehr gut.

Achtung: Ein Risiko- oder Moneymanagement, Absicherungstechniken, ein Arbeiten mit Stopp-Loss-Orders oder dergleichen mehr war völlig unbekannt, unwichtig und man wurde für solche Hinweise als Schwarzseher oder Sicherheitsapostel abqualifiziert. Gerade in dieser Zeitspanne brach die Mentalität des Sammlers durch. Der Herdentrieb setzte ein, und das eigene Verhalten wurde der Masse angepasst bzw. untergeordnet.

Praxis-Tipp:

Dabei wäre alles so einfach gewesen, wenn man im Gewinnfalle einen Stopp-Loss-Order bei 10, 20 oder 30 Prozent vom jeweiligen Höchstkurs eingegeben oder veranlasst hätte. Diese Marke hätten Sie dem Kursverlauf entsprechend kontinuierlich nachziehen und anpassen können. Auch haben scheinbar viele Hobbyspekulanten nicht verstanden, dass es die Börse auch noch nächste Woche, nächsten Monat oder nächstes Jahr gibt und dass, selbst wenn man eine Position liquidiert hat, diese am nächsten Tag wieder neu eröffnen kann!

Nun kam leider das böse Erwachen in Gestalt eines, nun schon 15 Monate anhaltenden, Salamicrashs mit ungeheueren Ausmaßen, wobei viele Werte, vor allem am Neuen Markt und an der Technologiebörse Nasdaq, bis zu 90 Prozent an Wert verloren haben. Hunderte von Milliarden DM, EUR, Dollar, Yen oder was auch immer an Geldvermögen, wurden vernichtet, weil

- sich die Prognosen der Analysten nicht erfüllt haben
- deren Einschätzungen und Beurteilungen sich schneller drehten als das bekannte Fähnchen im Wind
- die institutionellen Anleger ihr eigenes Spiel inszenierten
- die Zinsschrauben in den USA zu häufig und zu stark angezogen wurden

- die Aktionäre zu vertrauensselig und fachlich überfordert waren
- aus der geschilderten Mentalität heraus entweder gar nicht, viel zu spät oder dann in Panikreaktionen verkauft wurde

Das Aufkommen einer Aktienkultur in Deutschland wurde auf viele Jahre hinaus schwer angeschlagen, wenn nicht sogar zerstört. Viele Kleinaktionäre, die am Neuen Markt ihr Glück versucht haben, sind für alle Zeiten kuriert. Auch die heutige Rückschau oder das bessere Verständnis der Märkte ändern teilweise daran nichts mehr, weil der Stachel zu tief sitzt und kein disponibles Geld mehr für einen Neuanfang an den Börsen zur Verfügung steht.

Problematik der Spekulationsfrist

Die beschlossene Verlängerung der Spekulationsfrist von sechs Monaten auf zwölf Monate ist aus mehreren Gründen als Pferdefuß zu betrachten:

Es bestand ein Vertrauensgrundsatz des Anlegers oder Spekulanten, dass er beim Kauf von Aktien nach sechs Monaten den Kursgewinn steuerfrei vereinnahmen könne. Nun wird im Laufe seines sechsmonatigen Zeitraumes dieser auf zwölf Monate ausgedehnt, wodurch er natürlich eminente Probleme bekommen kann, falls seine Aktien in diesem Zeitraum im Kurs fallen. Zu dieser Thematik steht noch eine höchstrichterliche Entscheidung aus.

Die Wirtschaft braucht Geld, und über die Börse bekommt sie dieses zur Verfügung gestellt. Der einzelne Anleger gibt über den Aktienerwerb den Firmen das benötigte Kapital für Neuinvestitionen und den Auf- und Ausbau dieser Unternehmen, was auch der Sicherung und Schaffung neuer Arbeitsplätze dient. Dieses ganze Geschehen ist volkswirtschaftlich höchst interessant – von einer hohen Aktienkultur profitiert eben die gesamte Volkswirtschaft.

Es bedarf keiner weiteren Ausführung, dass eine Verlängerung dieser Haltefrist als negativ zu betrachten ist. Dadurch werden viele potenzielle Geldgeber von dieser Anlage- oder Spekulationsmöglichkeit abgehalten.

Auch eine Steuerhalbierung für Spekulationsgewinne ab dem Jahre 2002 ändert daran nicht viel, da der Zeitraum zu lange ist und im zweiten Halbjahr sich Gewinne wieder auflösen können bzw. auch die eingesetzte Substanz dadurch in Gefahr gerät.

Praxis-Tipp:

Ich rate Ihnen, hier besonders auf der Hut zu sein und bei entsprechenden Gewinnen lieber die Spekulationssteuer in Kauf zu nehmen, bevor Sie die Aktienwerte über Monate diesem Risiko aussetzen. Dies ist oftmals das kleinere Übel. Die Märkte werden immer volatiler, die Rotation innerhalb der Branchen wird kürzer und auch ein Langfristinvestment wird dadurch risikobehaftet. Sie jedoch als Daytrader dürfte diese Situation nur am Rande tangieren.

Testen Sie Ihre Eignung zum Daytrading

2

Sind Sie persönlich geeignet?

Mit dieser wichtigen Frage müssen Sie sich zu Beginn Ihrer Tätigkeit als Daytrader sehr intensiv auseinander setzen. Auch im Verlaufe Ihres weiteren Börsenlebens sollten Sie sich von Zeit zu Zeit kritisch hinterfragen.

Ist jemand nur geeignet, wenn er Abitur oder ein Studium absolviert hat, und kommt ein Handwerker, Arbeiter, Landwirt, kleiner Angestellter oder Beamter dafür überhaupt nicht in Frage? Ist dieses Terrain nur Freiberuflern oder Selbstständigen vorbehalten?

Aus meiner Erfahrung heraus ist dies keineswegs so! Um Ihnen die eigene Einschätzung zu erleichtern, gebe ich Ihnen nachfolgend Empfehlungen, welche Eigenschaften ich für das Daytrading als wichtig erachte. Hierzu zählen:

- Positive Lebenseinstellung
- Gesundes Maß an Risikobereitschaft
- Entscheidungsfähigkeit
- Nerven
- Ausdauer
- Disziplin
- Willenskraft
- Mentale Stärke
- Geistige Flexibilität
- Mut, sich neuen Herausforderungen zu stellen
- Wille, Geld zu verdienen

Praxis-Tipp:

Wichtig erscheint es mir, eine Persönlichkeit mit schnellen Entschlüssen zu sein, diese kühl und überlegt in die Tat umzusetzen und den Mittelweg zu finden, zwischen einer gesunden Gier und einer gezielten Risikokontrolle in Form eines professionellen Tradingverhaltens, das sowohl Risikoabsicherungen in sich trägt als auch das Moneymanagement stets beachtet.

Wer von Beruf „Zweifler" ist, bei den ersten zwei negativen Trades den Kardiologen aufsuchen oder bereits den Termin bei einem Psychologen vereinbaren möchte, beim geringsten Rückschlag sofort entmutigt oder verängstigt ist und sofort alles in Frage stellt, der wird sicherlich nie ein erfolgreicher Daytrader werden!

Praxis-Tipp:

Daytrader zu sein bedeutet, mit positiven und negativen Handelsentscheidungen gleich gut umgehen zu können. Beide gehören zusammen wie Licht und Schatten. Eines ist ohne das andere nicht möglich. Nur in der Einheit können sich langfristig Gewinne ergeben. Verluste begrenzen, Gewinne laufen lassen und absichern. Nirgendwo trifft diese Börsenweisheit genauer zu, als beim Kurzzeithandel im Daytrading!!!

Prüfen Sie sich bitte daher sehr genau, bevor Sie sich diesem aufregenden Leben aussetzen und Ihre ersten Versuche starten.

Fachliche Voraussetzungen eines Daytraders

Die elementare Interpretation von Wirtschaftsnachrichten sowie die Beurteilung von Zinserhöhungen oder -senkungen, Veränderungen der Arbeitslosenzahlen, Auswirkungen eines starken oder schwachen Dollars für den Export gilt es zu verstehen.

Eine gewisse Börsenerfahrung, Kenntnisse über das Zusammenwirken der Märkte, die Einordnung kursrelevanter Vorgänge und wirtschaftlicher Zusammenhänge sollten vorhanden sein. Diese Grundlagen sind sicherlich positiv zu bewerten.

Wichtig: Allerdings helfen Ihnen alle theoretischen Kenntnisse nichts, wenn Sie nur analysieren, jedoch – plakativ gesprochen – „die Hosen voll haben", wenn Sie in die Märkte einsteigen sollen. Es gibt leider viele börseninteressierte Menschen, die gut analysieren, auch Einstiegssignale sehen, jedoch aufgrund von Unsicherheit, Nervosität, fehlendem Selbstvertrauen und Angst nicht in der Lage sind, den letzten Klick zu tun und eine Position im Markt zu eröffnen.

Praxis-Tipp:

Erfolgreich ist die Persönlichkeit, welche fachlich in der Lage ist, Ein- und Ausstiegssignale zu erkennen und diese beherzt umsetzt, unter Beachtung der eigenen Risiko- und Vermögensverhältnisse (Tradingplan).

Eine fachliche Weiterbildung ist immer vorteilhaft und wird regelmäßig erfolgen, da sich ein Daytrader täglich mit den Märkten und der Materie auseinander setzen muss. Er hat Analysen und Markteinschätzungen zu lesen. Dadurch werden ihm diese Zusammenhänge im Laufe der Zeit immer klarer und verständlicher werden.

Finanzielle Erfordernisse

Das Daytrading ist nicht von einem bestimmten Kapitaleinsatz abhängig. Ganz egal, ob Sie über 1.000, 10.000 oder 50.000 EUR verfügen, diese Art des Börsenhandels ist mit jedem Einsatz möglich.

Praxis-Tipp:

Wichtig ist nur, dass Sie die Höhe Ihres Einsatzes und das Limit Ihres zugelassenen Verlustes je Trade markieren und dem gesamten Risikokapital anpassen. Sinn dieser Handelstaktik soll es ja sein, immer nur einen genau festgelegten Betrag Ihres Kapitals ins „Risiko" zu bringen und die Gewinne durch eine höhere Handelsaktivität zu erzielen.

Achtung: Auch beim Daytrading mit Aktien muss es sich um absolutes Risikokapital handeln. Dies bedeutet, dass es „Spielgeld" sein muss, welches Ihre sonstigen Lebensumstände, auch im teilweisen Verlustfalle, nicht beeinträchtigen würde. Natürlich werden Sie mit 1.000 EUR Spielgeld nur Erfahrung sammeln können, was ja auch sehr wichtig sein kann. Mit möglichen Gewinnen daraus können Sie sich ab und zu ein gutes Abendessen leisten, aber sicherlich nicht reich werden. Eine Gewinnerwartung steht immer im Verhältnis zu Ihrer Kapitaldecke und der Höhe des eingesetzten Betrages je Trade.

Wenn Sie allerdings über einen genügenden Erfahrungsschatz verfügen, können Sie Ihren Einsatz kontinuierlich erhöhen, was die Gewinnerwartung und natürlich auch die Verlustgefahr entsprechend beeinflusst. Denken Sie daran: Der Daytrader geht ein bewusst höheres Risiko ein in der Erwartung überproportionaler Gewinne.

Ihr individueller Daytrading-Check

Bevor Sie sich weiter mit dem Daytrading beschäftigen, sollten Sie vorher diesen kurzen Eignungstest durchführen. Bitte beantworten Sie die gestellten Fragen ehrlich, da diese Ihnen wichtige Hinweise zur grundsätzlichen Eignung und zu eventuell noch vorhandenen Defiziten geben.

Die Punktezahl, die Sie den gestellten Fragen zuordnen, ist in eine fünfstellige Bewertungsskala gefasst. Bitte versehen Sie die einzelnen Rubriken mit der entsprechenden Bewertung und addieren Sie diese zum Schluss auf. Bewertungsskala:

5 Punkte ≙ sehr gut
4 Punkte ≙ gut
3 Punkte ≙ mittel
2 Punkte ≙ weniger
1 Punkt ≙ nein/keine

Fragenkatalog	5	4	3	2	1
Börsenkenntnisse					
Fasziniert Sie das Börsengeschehen und die Entwicklung der Kurse?					
Zeigen Sie ein besonderes Interesse an wirtschaftlichen Fragen?					
Würden Sie auch Geld in Fortbildung investieren, um Ihr Börsenwissen laufend zu verbessern?					
Haben Sie bereits Aktien gehandelt, also Börsenerfahrung gesammelt?					
Zeitmanagement					
Ist für Sie ein Zeiteinsatz von zwei Stunden täglich möglich?					

Fragenkatalog	5	4	3	2	1
Sind Sie bereit, jeden Tag hinzuzulernen und sich als Autodidakt weiterzubilden?					
Könnten Sie Daytrading neben Ihrer sonstigen beruflichen Tätigkeit ausüben?					
Hätten Sie daneben noch genügend Freiraum für Ihre Familie oder Hobbys?					
Psychologische Verhaltensweisen					
Sind Sie entscheidungsstark?					
Sind Sie stark genug, nach Verlusttrades neu zu analysieren und wieder in die Märkte einzusteigen?					
Ist Ihr Nervenkostüm gefestigt?					
Werden Sie nicht zu gierig im Gewinnfalle oder zu ängstlich nach mehreren Verlusttrades?					
Persönlichkeitsprofil					
Ist Ihre Grundeinstellung positiv?					
Können Sie Rückschläge mental verdauen?					
Besitzen Sie genügend Selbstvertrauen in Ihre Person und Ihr Leistungsvermögen?					
Sind Sie als Persönlichkeit gefestigt, willensstark und diszipliniert?					
Sind Sie bereit, auch Ratschläge anzunehmen oder auf erfahrene Trader zu hören?					
Nehmen Sie sich Zeit für Ihre Tagesanalyse, um dadurch Ihre Fehler zu minimieren?					
Erforderliche Technik					
Sind Sie der EDV-Technik gegenüber aufgeschlossen?					

Testen Sie Ihre Eignung zum Daytrading

Fragenkatalog	5	4	3	2	1
Wären Sie auch bereit, in zusätzliche Technik zu investieren, falls Sie dadurch bessere Marktchancen sehen?					
Finanzielle Vorgaben/Umgang mit Geld					
Ist Ihnen der Begriff Risikokapital und dessen Bedeutung tatsächlich bewusst?					
Verfügen Sie über ein entsprechendes Risikokapital?					
Könnten Sie einen teilweisen Verlust verschmerzen, ohne dadurch in finanzielle Schwierigkeiten zu kommen?					
Sind Sie davon überzeugt, sowohl mit Gewinnen als auch mit Verlusten in disziplinierter Art und Weise umgehen zu können?					
Werden Sie immer nur mit einem Teil Ihres Kapitals traden und zusätzlich noch konsequent mit Absicherungsstopps arbeiten?					
Sind Sie davon überzeugt, ein gesetztes Geld- und Risikomanagement einhalten zu können?					
Abschlussfragen					
Können Sie diese Tätigkeit strikt vom Familienleben trennen und haben sie von dort auch die entsprechende Unterstützung?					
Haben Sie die Überzeugung und den Willen, mit dieser modernsten Art des Börsenhandels erfolgreich zu werden?					
Stehen Sie ganz fest dazu, mit Daytrading richtig Geld verdienen zu wollen?					
Anzahl der jeweils vergebenen Punkte					

Auswertung:

Bitte addieren Sie nun Ihre Punkte zu einer Gesamtsumme. Die höchstmögliche Punktzahl beträgt 145. Falls Sie über 120 Punkte erreichen, dürften Sie gute Ansätze für die Tätigkeit eines Daytraders haben. Wenn Ihre Punkteanzahl jedoch unter 100 liegt, dürfen Sie gerne dieses Buch weiterlesen, jedoch im Moment sollten Sie die Finger vom Daytrading lassen. Je nachdem, in welchen Bereichen Ihre Defizite liegen, können Sie diese im Laufe der Zeit verbessern. Ansonsten sollten Sie beim konservativen Börsenhandel bleiben.

Der erste Schritt zum Direktbroker

3

Vorteile des Online-Brokerage

Diese liegen auf der Hand:

- Sie besitzen zu Hause einen PC mit Internet-Zugang und sind daher mit dem Online-Broker direkt verbunden
- Öffnungszeiten der Banken interessieren Sie nicht mehr
- Sie können die gesamte Börsenhandelszeit von 9.00 bis 20.00 Uhr in Deutschland ausnutzen; besitzen Sie die Kenntnisse, um auch auf den amerikanischen Märkten handeln zu können, so können Sie dort auch bis 22.00 Uhr traden
- Es entfallen für Sie alle lästigen Wege, z.B. die Orders mittels Telefon oder per Telefax aufgeben zu müssen
- Auch die persönliche Vorsprache bei der Bank entfällt

Mögliche Verzögerungen und Probleme, die bei einer konventionellen Aktienorder entstehen können, sind vielen von Ihnen bestens bekannt.

Praxis-Tipp:

Das Online-Brokerage stellt den ersten und entscheidenden Schritt zum eigenen Broker dar. Sie können Ihre Handelsentscheidungen autonom und direkt durchführen. Die Verarbeitung der einzelnen Trades funktioniert in aller Regel sehr schnell. In Abhängigkeit zum Service der einzelnen Brokerbanken sehen Sie auch alsbald, ob und zu welchem Preis Sie Aktien gekauft oder verkauft haben. Die Verbuchung Ihres Kontos erfolgt zeitnah, spätestens über Nacht, sodass Sie am nächsten Tag Ihren aktuellen Tagesauszug bzw. den Stand ihres Kontos ersehen.

Wichtig: Das Online-Brokerage bei den einzelnen Direktbrokern ist die ideale Form für den schnellen Handel mit Aktien. Die Kosten sind äußerst günstig. Sie haben in aller Regel einen guten Informationsservice. Sie als Person sind jedoch ausschließlich auf sich gestellt.

Dies ist nicht als unbedingter Nachteil zu betrachten, da wir ja in den vorherigen Abschnitten bereits erarbeitet haben, wie in der Regel eine „Beratung" vor sich geht und dass diese auch keinerlei Gewähr für Aktiengewinne darstellen kann und wird.

Das System selbst kann beim Onlinehandel als sicher bezeichnet werden. Die Identifizierung erfolgt durch ein nur Ihnen bekanntes Passwort (PIN-Nr.), welches Sie jederzeit verändern können. Bei jeder Transaktion müssen Sie zusätzlich eine TAN-Nr. vergeben.

Achtung: Probleme kann es nur dann geben, wenn Sie alle drei oder fünf Minuten aus dem System ausgeloggt werden, um neuen Tradern die Chance des Einstiegs zu geben. Unter Umständen haben Sie dann Schwierigkeiten, sich wieder neu einwählen zu können, um eine Order zu platzieren oder Ihre Position glattstellen zu können. Oftmals trifft dies dann zu, wenn eine interessante Marktgegebenheit vorliegt, d.h. wenn viele Trader aktiv sind. Bei uninteressanten Marktverläufen tritt diese Problematik nicht auf, jedoch ist dann der Handel auch für Sie nicht lohnend und die Gewinnchancen sind gering.

Praxis-Tipp:

Um eine relativ schnelle und sichere Verbindung zu erhalten, sollten Sie auch die leistungsfähigeren Internetverbindungen der einzelnen Anbieter in Anspruch nehmen, die für einen relativ geringen Aufpreis angeboten werden.

Der Handel beim Direktbroker ist der erste Schritt in die Eigenverantwortung: Sie sind Broker und Trader in einer Person. Durch einen Mausklick entscheiden Sie über Kauf und Verkauf und damit über Auswirkungen, die Ihren Geldbeutel direkt betreffen. Dies ist kein virtuelles Spiel auf einem fiktiven Konto, sondern es wird Ernst, und die Realität, ob positiv oder negativ, erreicht Sie.

Suche und Auswahl des richtigen Partners

Bei der Auswahl des optimalen Tradingpartners kann ich Ihnen nur allgemeine Hinweise geben, da die Entscheidung von nachfolgend genannten Kriterien abhängig ist:

- Tradingstil
- Tradingplan
- Tradingmöglichkeiten
- Persönliche Wünsche

Wichtig: Begehen Sie nicht den Fehler, dass Sie nur auf die Kosten schauen. Lassen Sie nicht den letzten EUR oder die letzten 50 Cents darüber entscheiden, ob Sie sich für diesen oder jenen Anbieter entscheiden. Es ist relativ nachrangig, ob Sie 0,21 Prozent, 0,22 Prozent oder 0,20 Prozent für eine Transaktion bezahlen. Entscheidend ist der Service, die Informationen, die Schnelligkeit, die Transparenz der verarbeiteten Trades, die Kontoübersicht – kurz gesagt – die Rundum-Betreuung. Sie sollten in jeder Minute Ihres Tradings in der Lage sein, ohne viel Kopfrechnen und manuelle Aufzeichnungen, den Stand Ihres Tradingkontos bzw. ihre Tagesgewinne oder -verluste ersehen zu können.

Nachfolgend werden Ihnen die großen Anbieter der Branche genannt, bei denen Sie sich Informationen einholen können. Vorab sollten Sie sich auch mit der jeweiligen Bildschirmmaske vertraut machen, um zu sehen, ob Sie damit zurechtkommen und diese Service- und Tradinggegebenheiten Ihnen entgegenkommen oder nicht.

Marktführende Anbieter sind:

- Advance Bank
- Allianz Bank
- Amexbank
- Eqonline
- Fimatex
- Maxblue

- Citybank
- Comdirect
- ConSors
- Direkt-Anlage-Bank
- DiBa
- Easytrade
- Entrium
- NetBank
- Pulsiv
- SEB
- Volksbank Direkt (A)
- Postsparkasse (A)
- Savis (CH)
- Youtrade (CH)

Welcher Service ist wichtig?

Hierbei sollten die angebotenen Leistungen im Verhältnis zu den erhobenen Kosten verglichen werden. Welches Angebot ist speziell für Sie wichtig, was benötigen Sie unbedingt, und auf was könnten Sie verzichten?

Auswahlkriterien könnten sein:

- Aufbau der Bildschirmmaske
- Übersichtlichkeit und Transparenz
- Schneller Zugriff auf wichtige Informationen
- Onlinehandel
- Nur deutsche Aktien
- Internationale Aktien
- Möglichkeit von Leerverkäufen
- Futures (Marginhöhe)
- Optionen (Marginhöhe)
- Intraday-Handel
- Realtime-Kurse

- Außerbörslicher Handel
- Echtzeithandel
- Neuemissionshandel
- Kosten für Absicherungen (Stopps, Limits, Veränderungen)
- Depotgebühren
- Transaktionskosten
- Mindestgebühren
- Guthabenzinsen
- Beratungsmöglichkeiten

Fügen Sie dieser Aufstellung noch mögliche weitere Parameter bei. Checken Sie die Leistungsfähigkeit Ihres möglichen Direktbrokers für Ihr Vorhaben. Erst dann treffen Sie bitte die Entscheidung.

Standardtechnik und Marktchancen

4

Richtige Einschätzung Ihrer Leistungsfähigkeit

Sie müssen, unabhängig von Ihrer fachlichen Eignung, Ihre Leistungsfähigkeit mit der zur Verfügung stehenden Technik richtig einschätzen können.

Wichtig: Seien Sie sich darüber klar, dass Sie keine individuelle Technik, zugeschnitten auf Ihre Person bzw. auf Ihr Tradingverhalten, haben, sondern dass Sie über eine Massentechnik seitens des Direktbrokers verfügen. Mit Ihnen zusammen sind weitere Hunderttausende von Tradern über dieses System angeschlossen.

Beispiel:

Stellen Sie sich den Markt als eine Größe von 100 Prozent vor. Er unterteilt sich in drei Arten von Marktteilnehmern, welche ich wie folgt klassifizieren möchte:

1. Professionelle Trader

Die Profis decken ungefähr 15 Prozent des Marktvolumens ab. Darunter verstehe ich die großen Banken, Marketmaker, Fondgesellschaften, große Vermögensverwaltungen, Versicherungskonzerne und weitere institutionelle Anleger. Diese investieren Jahr für Jahr mehrere Millionen in die Technik, um diese leistungsfähiger, informativer und noch schneller zu machen, damit sie den „entscheidenden Marktvorsprung" besitzen.

Überlegen Sie bitte ganz genau, aus welchen Gründen dies erfolgt. Auch und gerade große Firmen haben kein Geld zu verschenken. Ich bin davon überzeugt, Sie wissen, was ich Ihnen damit sagen möchte!

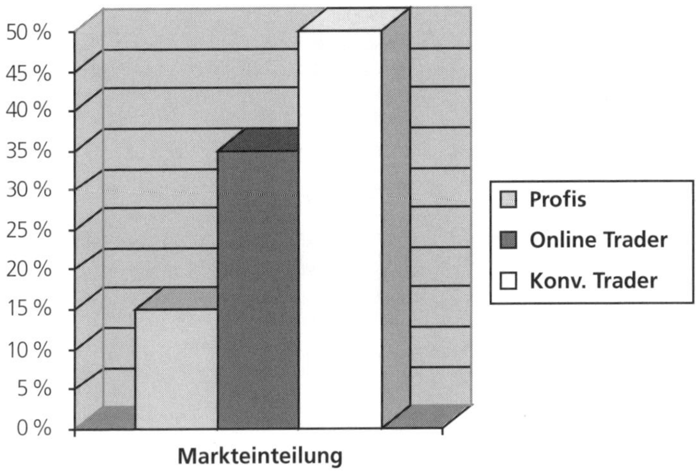

2. Halbprofessionelle Trader (Online Trader)

Hierzu gehört ein Großteil der Kunden von Seiten der Direktbroker. Eine gute Technik, Informationssysteme und eine schnelle Verarbeitung der Orders schaffen einen gewissen Marktvorsprung.

3. Unprofessionelle (konventionelle) Trader

Diese Marktteilnehmer sind die konventionellen Anleger bzw. die „Steinzeittechniker", die Ihre Kauforders noch über Telefon, Telefax oder durch den persönlichen Weg zu ihrer Hausbank ausführen. Ihre Informationen beziehen Sie optimalerweise entweder von den Börsensendungen des Fernsehens oder aus den entsprechenden Fachzeitschriften, die wöchentlich oder monatlich erscheinen. Diese Unprofessionellen machen ca. 50 Prozent des Marktgeschehens aus.

Praxis-Tipp:

- Den professionellen Tradern sind Sie demnach weit unterlegen.
- Den Halbprofessionellen sind Sie ebenbürtig, haben jedoch durch das gleiche System keinen entscheidenden Vorteil.
- Den Unprofessionellen gegenüber sind Sie im Vorteil. Nun liegt es an Ihnen, diesen auszunutzen, und entsprechend in einen finanziellen Gewinn umzusetzen.

Legen Sie Ihre Ziele fest

Bevor Sie mit dem Daytrading beginnen, sollten Sie Ihre Vorstellungen erforschen und diese kurz zu Papier bringen. Dies hat den positiven Effekt, dass Sie wirklich in sich gehen, sich gezielt Gedanken machen und mit der gesamten Thematik sehr intensiv auseinander setzen. Außerdem können Sie sich Ihre Notizen zu jeder Zeit wieder hervorholen, nachlesen und damit Ihre Intention festigen.

Beantworten Sie sich bitte folgende Fragen:

- Warum interessieren Sie sich für Daytrading?
- Was möchten Sie damit erreichen?
- Welches Zeitlimit setzen Sie sich?
- Welcher finanzielle Rahmen besteht?
- Welche realistischen Gewinnvorgaben setzen Sie sich pro Monat, Quartal und Jahr?

Praxis-Tipp:

Seien Sie ehrlich zu sich selbst. Bekennen Sie sich eindeutig dazu, mit Daytrading Geld an den Weltbörsen verdienen zu wollen. Finden Sie nichts Anstößiges daran, denn dort wird Geld erzeugt und das ist der Sinn der Börse. Wenn Sie kein Geld verdienen, erhält es oftmals ein anderer Marktteilnehmer. Aber bei Ihnen, da sind wir uns doch einig, ist es am besten aufgehoben!

Wichtig: Daytrading hat mit eigenen Aktivitäten zu tun. Sie können diese Art der Tätigkeit nicht verlagern. Sie als Person sind mit Ihrem Wissen sowie Ihrer Kreativität und Persönlichkeit gefordert, aktiv zu werden, in die Märkte einzusteigen, zu ordern und damit Geld zu verdienen.

Damit haben Sie auch Ihr unmittelbares Feedback. Waren Sie gut, sehen Sie dies sofort am gestiegenen Kontostand. Ging der Trade daneben, trifft es Sie ebenfalls direkt. Sie sind dann aufgerufen, zukünftig besser zu analysieren und aus diesem negativen Trade zu lernen. Läuft dies so ab, dann ist auch dieser Trade positiv zu werten, da er die Vorstufe zu einer neuen und erfolgreicheren Order ist.

Praxis-Tipp:

Beginnen Sie das Daytrading unbedingt mit kleineren Beträgen. Entwickeln Sie einen Tradingplan, zugeschnitten auf Ihre persönlichen Verhältnisse. Testen Sie neue Strategien und verschaffen Sie sich damit erste Erfahrungen. Sie werden erkennen, dass sich der Handel mit tatsächlichem Kapitaleinsatz wesentlich vom Papiertrading (ohne Einsatz und Risiko) unterscheidet.

Sie werden feststellen, dass Sie von Monat zu Monat sicherer werden, die Märkte besser verstehen und Ihre Trades in der Gesamtheit, abgesehen von Zufallstreffern der ersten Zeit, konstant sicherer und damit gewinnträchtiger werden.

Beispiel:

Eine Zielsetzung wäre: Kapitaleinsatz 10.000 EUR und täglich mindestens zwei Stunden Zeit zur Verfügung. Sie können aber auch zwei oder drei Tage in der Woche ein Mehr an Zeiteinsatz bringen oder auch nur an bestimmten Tagen bzw. Marktsituationen handeln. Sie wollen monatlich 20 Prozent = 2.000 EUR verdienen.

Ihre Zielvorstellung müssen Sie in einen Tradingplan, bezogen auf Ihre Person, einbringen und umsetzen. Bei deutschen oder europäischen Aktien können Sie nur im Falle steigender Kurse Geld verdienen. Das bedeutet, dass Sie auf zeitnahe, positive Informationen von börsennotierten Unternehmen angewiesen sind. Diese Mitteilungen müssen Sie für sich auswerten, analysieren und möglichst schnell umsetzen, damit Sie einen Zeitvorsprung erzielen. Wenn diese positive Meldung verbreitet wird (Fernsehen, Presse, Empfehlungen), werden weitere Marktteilnehmer diese Aktie kaufen, und durch diese erhöhte Nachfrage wird der Kurs ebenfalls steigen. Das Handelsvolumen in diesem Aktienwert nimmt zu. Dadurch werden weitere Marktteilnehmer aufmerksam, kaufen ebenfalls und beleben die Kurse zusätzlich.

Achtung: Sie können niemals im Voraus bestimmen, wie viele Trades Sie je Tag, Woche oder Monat durchführen müssen, um an Ihr Tradingziel zu gelangen. Sie sind von externen Informationen, Marktumständen, Vorgaben, sich ergebenden Marktsituationen und dergleichen mehr abhängig, die Sie in keiner Weise beeinflussen können. In der Börsenwelt können Sie meistens nur „reagieren" und leider nicht „agieren". Diese Situation kann jedoch auch angenehm und lohnend sein!

Erstellen Sie Ihren Tradingplan

Es ist selbstverständlich, dass diese Vorgabe keinen Anspruch auf eine allgemeine Gültigkeit haben kann. Ich möchte Ihnen damit einen Rahmen vorgeben, den Sie nach Ihren individuellen Gegebenheiten so übernehmen, ergänzen oder entsprechend abändern können.

Beispiel eines Tradingplans

Technische Ausstattung:

- Genügt mir ein PC und ein Bildschirm sowie das Standardangebot meines Direktbrokers?
- Wenn nein, welche Alternativen und Angebote sind am Markt vorhanden?
- Treffen diese für mich und mein Vorhaben zu?
- Wie hoch sind die Anschaffungs- bzw. die monatlichen Kosten?
- Bin ich bereit, diese Investitionen zu treffen? (Hinweis: Anschaffungskosten einmalig ca. 1.000 DM. Laufende monatliche Aufwendungen je nach Service zwischen 200 bis 800 DM.)

Fachliche Fähigkeiten:

- Ihre Defizite bzw. Ihren Nachholbedarf können Sie zum Teil als Autodidakt (Lesen von Fachbüchern) abdecken
- Besuch von Seminaren und Fachveranstaltungen. (Schauen Sie dabei nicht sofort nur auf die absoluten Kosten, sondern mehr auf die Inhalte! Entsprechen diese Ihren Vorstellungen? Sind sie praxisbezogen? Wer ist der Referent, und bringt Sie das Seminar für ihre Entscheidung bzw. in Ihrer praktischen Tätigkeit weiter?)

Finanzieller Rahmen:

- Es darf sich nur um ein für die Börse reserviertes Risikokapital handeln
- Ab 10.000 EUR wird diese Tätigkeit erstmals einen Sinn ergeben
- Bei meinen Beispielen bin ich von einem Kapitaleinsatz von 30.000 EUR ausgegangen
- Je nach Brieftasche müssen Sie diesen Rahmen selbst abstecken

Vorgehensweise:

- Sie teilen ihr Tradingkapital in zehn Einheiten ein
- Sie bringen jeweils nur eine Einheit ins Risiko
- Diese Einheit (Kapital für einen Aktienkauf) versehen Sie mit einem Absicherungsstopp bei 5 Prozent Verlust
- Ihr Gewinnlimit setzen Sie zwischen 6 bis 10 Prozent, ebenfalls berechnet vom Einstiegskurs

Damit ergeben sich folgende Möglichkeiten:

1. Entwickelt sich der Trade negativ, so werden Sie bei 5 Prozent Verlust ausgestoppt. Eine Änderung der Stoppmarke nach unten hat unbedingt zu unterbleiben.

Praxis-Tipp:

Der Trade war einfach falsch analysiert! Ausstoppen lassen, abhaken und verdauen, neu analysieren und wieder einsteigen.

2. Der Trade war positiv und erreicht Ihr gesetztes Limit von 10 Prozent. Nun haben Sie folgende Alternativen:
   a) zu verkaufen und den Gewinn zu realisieren,
   b) den Stopp z.B. 6 Prozent nach oben zu ziehen und weiter im Markt zu verbleiben.
   c) Kommt der Kurs zurück und stoppt es Sie aus, so war dieser Trade finanziell ziemlich neutral. Steigt der Kurs jedoch weiter an, so ziehen Sie Ihren Absicherungsstopp dynamisch in Abständen von 5 Prozent nach.
   d) Mit dieser Taktik haben Sie die Chance, auch längerfristig und ziemlich risikolos im Markt zu sein. Damit können Sie auch signifikantere Kurssprünge mitnehmen.

Praxis-Tipp:

Wir wissen alle, dass es an den spekulativen Märkten (Neuer Markt, Nasdaq) Tagesgewinne von bis zu 50 Prozent oder mehr gibt und dies nicht allzu selten!

Zielplanung erstellen:

- Was sind ihre finanziellen Ziele und wie möchten Sie diese erreichen?
- Traden Sie nur mit einer Einheit oder mehreren?
- Welchen Zeiteinsatz sind Sie bereit zu erbringen bzw. können Sie leisten?
- Wenn Sie ausgestoppt werden (./. 5 Prozent), sollten Sie diesen Verlustbetrag wieder aus einer weiteren Einheit (mit der Sie nicht traden) entnehmen und wieder auffüllen.
- Entstehende Gewinne sind zur Bildung neuer Einheiten zu verwenden.

Tradingrahmen:

Die vorgenannten Ausführungen verbinden Sie nun mit Ihren individuellen Vorgaben. Daraus ergibt sich Ihr Tradingrahmen, innerhalb dessen Vorgaben Sie sich stets bewegen sollten.

Praxis-Tipp:

Sie sollten anfangs nur mit einer Einheit traden und erst im Laufe der Zeit (nach einigen Monaten), wenn Sie größere Erfahrung besitzen, weitere Einheiten in geeigneten Situationen nachziehen. Mehr als drei bis vier Einheiten gleichzeitig sollten Sie keinesfalls handeln!!!

Wichtig: Mit dieser Taktik haben Sie mehrere Sicherheitsmechanismen eingebaut, die Ihnen einen langen Atem und damit auch eine große Überlebenschance in diesen schnellen Märkten ermöglichen. Durch das dynamische Anpassen des Stopps im Gewinnfalle können Sie sogar Ihre Chancen überproportional erhöhen.

Hilfreiche Leistungen des Direktbrokers

Bitte erinnern Sie sich daran, was wir bereits erarbeitet haben. Es sollte nicht der letzte EUR bei den Gebühren ausschlaggebend für die Entscheidung für einen bestimmten Anbieter sein, sondern der gesamte Service. Darunter verstehe ich:

- Neueste Nachrichten
- Brauchbare Informationen
- Charts
- Analysteneinschätzungen
- Marktüberblicke
- Wichtige Termine
- Empfehlungen für bestimmte Aktien

Sie sollten tatsächlich in der Lage sein, aus den Ihnen zur Verfügung gestelltem Informationssystem Ihrer Brokerbank alle für Sie wichtigen und damit nützlichen Daten entnehmen zu können. Daher müssen Sie sich auf den verschiedenen Bildschirmmasken gut auskennen und die für Sie zutreffenden Felder optimal nutzen, um daraus kurzfristig Orders veranlassen zu können.

Der Direktbroker stellt ja in aller Regel keinerlei Beratung zur Verfügung. Daher ist es seine vordringlichste Aufgabe, Ihnen fundierte Handelsentscheidungen zu ermöglichen.

Optimierung des Informationssystems

Das Internet bietet die verschiedensten Möglichkeiten, weitere, teils kostenlose Informationen zum Börsengeschehen zu erhalten. Sie springen in die Bilder anderer Direktbroker bzw. weiterer Börsenanbieter, checken die Empfehlungen großer Banken und versuchen, dort Interessantes zu finden. Hierbei stehen Ihnen umfangreiche Adressen zur Verfügung, die Sie in Kapitel 14 dieses Buches nachlesen können.

Praxis-Tipp:

Bitte stellen Sie sich die für Sie interessanten Homepages bereits auf Ihrem Bildschirm ein. Das bedeutet, dass Sie nur immer die einmal gewählten Voreinstellungen anklicken müssen, um auf direktem Wege an diese Informationen zu kommen. An der Börse bedeutet Zeitgewinn Geldgewinn.

Wichtig: Alle Kurse, die Sie im Internet kostenlos abrufen können, sind mindestens 15 Minuten zeitverzögert. Echtzeitkurse lässt sich die Börse sehr teuer bezahlen und niemand wird langfristig daran interessiert sein, Ihnen diese Informationen, für die er entsprechend bezahlen muss, kostenlos zur Verfügung zu stellen. Dies bedeutet konkret: Sie sind mindestens 15 Minuten im Hintertreffen. Dies hört sich zwar nicht lange an, ist jedoch unter Umständen an der Börse oftmals eine kleine Ewigkeit. Dieser Zeitverlust kann auch bei Aktien aus einem sehr guten Geschäft nur ein gutes Geschäft, oder aus einem zufriedenstellenden Geschäft auch kein Geschäft oder sogar einen Verlust erzeugen.

Kostenfreier Infoservice

Benutzen Sie Ihre Lebenserfahrung und den gesunden Menschenverstand!

Es ist wie im gesamten Leben. Alles, was Sie kostenlos erhalten oder beziehen können, ist zwar teilweise nützlich, auch verwendbar, es hat jedoch nur einen verhältnismäßig geringen Wert, da es Ihnen ansonsten niemand ohne Bezahlung zur Verfügung stellt. Wir leben glücklicherweise in einer freien Marktwirtschaft und überall dort, wo wirkliche Leistung dahinter steckt, mit der Sie individuell auch sofort etwas erreichen und bewegen können, müssen Sie bezahlen. Denken Sie an den uns allen geläufigen Wahlspruch „Ohne Moos nichts los".

Trotz dieser Einschränkung sind Sie immer noch im grünen Bereich. Das bedeutet, Sie befinden sich auf dem gleichen Level wie ca. 70 bis 80 Prozent aller Marktteilnehmer.

Achtung: Überlegen Sie sich doch mal die konkrete Situation: Sie möchten sich als Daytrader an den Weltbörsen bewegen und dort gegen absolute Profis und viele weiteren Schattierungen von Spekulanten antreten. Dabei sind Sie in einem Metier tätig, wo ausschließlich mit Geld gearbeitet wird. Auch Sie möchten kräftig verdienen, sind aber nicht bereit, finanzielle Vorinvestitionen zu erbringen. Im Gegensatz dazu riskieren Sie jedoch Ihr schwer erarbeitetes Geld, und dies in teilweise sehr großen Beträgen. Sie setzen es der Verlustgefahr aus und benutzen dafür das falsche oder ein nicht ausreichendes Werkzeug. Im Klartext: Sie bringen eventuell 10.000, 50.000 oder 100.000 EUR ins Risiko, möchten jedoch im Gegenzug 300 DM monatliche Investitionskosten einsparen, um dieses Risiko sinnvoll zu minimieren und begeben sich damit auf einen „Blindflug ohne Instrumente". Wie der Flug verläuft, ob Sie landen, wie Sie landen und ob Sie überhaupt den richtigen Flughafen finden, ist daher völlig ungewiss. Eine Bruchlandung nach einer gewissen Anzahl von Flügen ist sicherlich nicht auszuschließen!

Praxis-Tipp:

Eine völlig unbefriedigende und unprofessionelle Situation, welche Sie bei Kenntnis dieser Zusammenhänge unbedingt kurzfristig ändern sollten. Dies ist einer der Hauptgründe, warum so viele Anleger am Neuen Markt regelrecht – verzeihen Sie mir bitte den Ausdruck – „geschlachtet" wurden. Die Wahl der Waffen war falsch! Bei dieser Art eines modernen Duells (Sie gegen andere Spekulanten) muss zumindest Waffengleichheit bestehen, sonst sind Sie im Hintertreffen.

Verbesseren Sie Ihre Tradingchancen

5

Professionelle Technik

Lassen wir einmal die anderen, ebenfalls sehr wichtigen Komponenten wie Fachwissen, Persönlichkeit und zur Verfügung stehendes Tradingkapital außer Acht, so ist die professionelle Technik einer der Hauptfaktoren, der über den Erfolg Ihrer Daytradingaktivitäten entscheidet.

Was ist nun unter professioneller Technik zu verstehen?

Ein zweiter Rechner mit Bildschirm wäre bereits der richtige Weg. Sie können mit Ihrem ersten Rechner bei Ihrem Direktbroker eingeloggt bleiben und gleichzeitig auf dem zweiten Rechner Informationen von anderen Internetanbietern abrufen, ohne die Handelsmaske und damit die Verbindung laufend unterbrechen zu müssen. Auf einem Bildschirm holen Sie sich ständig neueste Informationen und auf dem weiteren Bildschirm können Sie Ihre Orders beobachten. Über eine zusätzliche Grafikkarte können Sie noch einen dritten Bildschirm anschließen, der Ihr System wiederum verbessert.

Realtime-Kurse und Nachrichten

Darunter ist zu verstehen, dass Sie wichtige Börsennachrichten eben zu dem Zeitpunkt erhalten, an dem Sie von den großen Nachrichtenagenturen verbreitet werden. Dies ist der entscheidende Marktvorsprung von mindestens 15 Minuten. Diese an sich kurze Zeitspanne kann jedoch an der Börse eine kleine Ewigkeit sein, mit den entsprechenden negativen Auswirkungen. Oftmals ist dieser Zeitraum noch wesentlich länger, bis die Masse der Marktteilnehmer diese Neuigkeiten erfährt.

Ihr Nutzen daraus:

- Informationsvorsprung
- Gezieltere Aktienauswahl
- Schnellere Markteinschätzung
- Direkte Ad-hoc-Mitteilungen einzelner Firmen
- Kursrelevante Nachrichten
- Quartalsberichte
- Komprimierte Jahresabschlüsse
- Bilanzpressekonferenzen
- Analysteneinschätzungen

Praxis-Tipp:

Genau diese Informationen sind für Sie lebens- und überlebenswichtig. Sie ermöglichen Ihnen einen optimalen Einstiegskurs und versetzen Sie dadurch in die Lage, beim „Aufspringen der anderen Marktteilnehmer" eine spürbare Kurserhöhung mitzunehmen. Der Einstiegskurs ist bei einem Daytrader entscheidend, da er als Kurzzeitspekulant immer nur eine geringe Marge je Trade mitnehmen kann.

Analysieren Sie wie die Profis

Als Daytrader interessiert Sie in der Regel keine Fundamentalanalyse. Ihnen ist es ziemlich schnuppe, ob eine Firma über hohe stille Reserven verfügt, wie viele Beschäftigte sie hat und wie die langfristige Zukunftsprognose speziell für dieses Unternehmen und die gesamte Branche aussieht.

Praxis-Tipp:

Wichtig ist für Sie die Ad-hoc-Situation, d.h. die tatsächliche Gegebenheit im jetzigen Moment, verbunden mit der aktuellen Meldung, der Einschätzung durch die Marktteilnehmer und die mögliche Volatilität dieser Aktie innerhalb der nächsten fünf Minuten, Stunde oder des heutigen und nächsten Tages.

Zur Einschätzung der Situation ist ein Tageschart erforderlich. Noch besser ist ein Chart, der auch den letzten Monat und das gesamte Jahr darstellen kann. Hilfreich ist die 38 und 200 Tageslinie, daneben die Möglichkeit, Widerstands- und Unterstützungslinien in den Chart einzeichnen zu können, sowie technische Indikatoren, die Ihnen laufend Ein- oder Ausstiegssignale generieren und anzeigen.

So werden Sie ebenbürtig

Wichtig: Ziel Ihrer Bemühungen muss es sein, den absoluten Börsenprofis nahezu ebenbürtig zu werden und gegenüber der großen Anzahl der sonstigen Marktteilnehmer einen entscheidenden Vorteil zu erzielen.

Diese Voraussetzungen können Sie selbst schaffen durch eine Kombination aus:

- Professioneller Technik (Computerausstattung)
- Echtzeit-Informationssystem
- Analysesystem für fundierte Handelsentscheidungen
- Schnelligkeit des Ordersystems an den gewünschten Weltbörsen

Die genannten Parameter müssen nun zu einem funktionsfähigen Kreislauf verknüpft werden, damit Sie über einen professionellen Börsenarbeitsplatz verfügen. Das richtige Werkzeug für die jeweilige Tätigkeit zu haben, ist sicherlich schon der halbe Erfolg. Wenn es Ihnen dazu noch gelingt, einen entsprechenden fachlichen Unterbau zu schaffen, und Ihre Persönlichkeit der eines Daytraders entspricht, stehen Ihnen alle Verdienstchancen in diesen Märkten offen!

Bid und Ask – zwei, die über Ihren Erfolg entscheiden

Unter Bid ist die Nachfrage zu verstehen, also der Preis, den ein Interessent (Käufer) bereit ist, für eine bestimmte Aktie im jetzigen Augenblick zu bezahlen. Dieser Preis wird vom Ansatz her immer geringer sein als der Askpreis.

Unter Ask ist das Angebot zu verstehen, zu dem ein Marktteilnehmer (Verkäufer) ebenfalls aktuell bereit ist, seine Aktien im jetzigen Zeitpunkt zu verkaufen. Diese Preisvorstellung wird grundsätzlich höher sein als der Bid.

Beispiel:

Die ursprüngliche Preisvorstellung des Käufers waren 49 EUR je Aktie. Der Verkäufer wollte jedoch 51,20 EUR je Aktie haben. Eine Einigung erfolgte bei 50,40 EUR. Erst wenn beide Marktteilnehmer sich übereinstimmend auf einen Kaufpreis einigen, kommt ein Vertrag, also ein Aktienhandel oder Trade, zustande.

Bei einigen Informationssystemen sehen Sie fortlaufend alle paar Sekunden neu die aktuellen Ask- und Bid-Preise. Diese sind natürlich für Sie als Daytrader entscheidend, da – wie bereits erarbeitet – der Einstiegspreis eines der wichtigsten Kriterien für einen erfolgreichen Trade darstellt.

Praxis-Tipp:

Im Einkauf liegt der Verdienst. Daher können Sie auch mit „Limit" oder Stopp-Buy-Order in den Markt gehen. Dies bedeutet, dass, falls ein vorher von Ihnen fixierter Kurs erreicht wird (Einstiegssignal), Ihre Kauforder zur Ausführung kommt.

Bedeutung der technischen Analyse

6

Grundlage vieler Handelsentscheidungen

Für den Daytrader ist neben der aktuellen Marktlage, den fortlaufenden Nachrichten und Ad-hoc-Meldungen vor allem die technische Analyse ausschlaggebend. Diese ist hautnah am Markt und spiegelt das Verhalten und die Erwartungen der Anleger unmittelbar wieder. Sind Ängste oder besondere Erwartungen vorhanden, und wie könnten sich diese auf den Kursverlauf auswirken?

Daher ist der Chart mit das wichtigste Handwerkszeug. Daraus können Sie das Marktgeschehen genau erkennen, und diese Signale und Hinweise müssen dann in Ihre Handelsentscheidungen einfließen. Der jeweilige Chart zeigt das Marktverhalten einer Aktie, bezogen auf eine vorgegebene Zeitachse, auf.

Mit welcher Art von Chart Sie traden, bleibt Ihnen überlassen. Sie können mit einem Linien-, Balken- oder auch mit dem berühmten Candle-Stick-Chart arbeiten, der wegen seiner hohen Aussagekraft gerade bei Kurzzeitspekulanten gerne Verwendung findet.

Praxis-Tipp:

Falls Sie sich wirklich mit dem Daytrading intensiver befassen möchten, empfehle ich Ihnen, den Candle-Stick (Kerzenform), zu verwenden. Dabei wird der jeweilige Kurswert über eine Zeitachse, die frei wählbar ist, z.B. Stunde, Tag, Woche, Monat oder Jahr, aufgetragen.

Zur besseren Unterscheidung dienen weiße und schwarze Kerzen, welche sofort optisch den jeweiligen Kursverlauf darstellen. Die weißen Kerzen stehen für steigende Kurse = Optimisten beherrschen den Markt. Die schwarzen Kerzen zeigen die gegenteilige Situation, also fallende Kurse = mehr Pessimisten. Der Kerzenkörper selbst stellt die Spanne zwischen der Eröffnung und dem Schluss der gewählten Zeiteinheit (Stunde oder Tag) dar. Ist der Schlusskurs höher, zeigt der Kerzenkörper eine weiße Farbe. Bei einem niedrigerem Schlusskurs wird eine schwarze Kerze dargestellt. Ein oberer Schatten der Kerze wird als Docht und der untere Teil als Lunte bezeichnet.

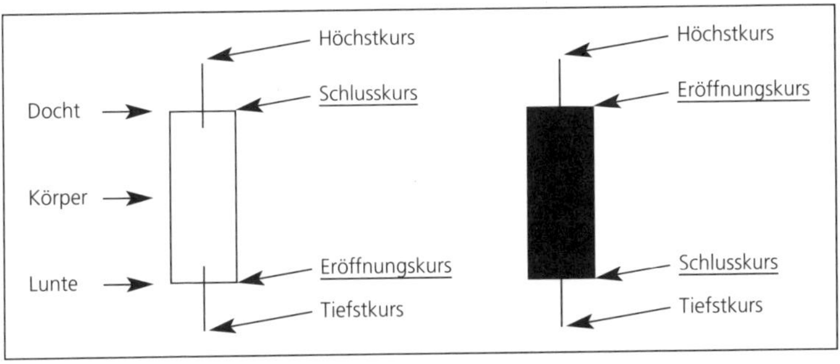

Erst durch die gründliche Kenntnis der Charttechnik, dem Verständnis über die Wirkungsweise der Märkte und die Mechanismen der Börse, unter Beachtung des Phänomens „Herdentrieb der Spekulanten", sowie unter Einbeziehung der Emotionen und der psychologischen Markteinschätzung, unterscheiden Sie sich vom Großteil der weiteren Börsianer. Dies versetzt Sie in die Lage, interessante Börsensituationen zu erkennen und überlegte, profitable Entscheidungen zu treffen.

Wie erkennen Sie Ein- und Ausstiegssignale?

Praxis-Tipp:

Hüten Sie sich davor zu meinen, Sie müssten immer den optimalen Kaufpreis erzielen können. Keinem Menschen an der Börse gelingt es, den „absoluten Einstiegs- und Ausstiegspunkt" zu finden. Wer Ihnen dies sagt, hat von vom Börsengeschehen keine Ahnung und ist nur ein Sprücheklopfer.

Wichtig ist es, einen guten Einstiegspunkt zu erkennen, was zugleich auch mit einem akzeptablen Einstiegspreis in Verbindung steht. Analog verhält es sich beim Verkauf, also beim Schließen einer Position. Es wird Ihnen nur in den seltensten Fällen gelingen, zum Höchstkurs zu verkaufen. Entscheidend ist nur, dass Sie verkaufen und sich an Ihren Tradingplan halten.

Bei der Einarbeitung von Tradern stellen wir immer wieder verschiedene Persönlichkeitsmuster fest. Die Interessenten sind aufgrund Ihrer Börsenkenntnisse, Ausbildung, Lebenserfahrung, Persönlichkeitsstruktur und auch im Risikoverhalten sehr unterschiedlich. Dies macht sich besonders im Zeitpunkt der Entscheidung bemerkbar.

Beispiel:

Sie sehen für sich ein Einstiegssignal und sollten entsprechend handeln. Dies bedeutet, Sie drücken auf die Maus bzw. auf die Tastatur, damit Sie Ihre Order aufgeben und im Markt sind. Hierbei trennt sich oftmals die Spreu vom Weizen. Einige möchten dann noch abwarten, Minuten oder auch Stunden analysieren, weitere Parameter in die Entscheidung mit einbeziehen, mehrere Indikatoren prüfen oder noch einen besseren Einstiegskurs erzielen. Sie zögern die Entscheidung für sich selbst immer weiter hinaus, bringen neue Ausreden und möchten am liebsten noch das Wetter in die Entscheidung mit einbeziehen oder ein Orakel befragen.

Sie haben ganz einfach Angst vor der Entscheidung. Warum dies so ist, kann nur schwer nachvollzogen werden. Wenn der Trader nicht in den Markt geht, geschieht nichts. Er kann weder etwas verdienen noch etwas verlieren. Jedem Börsenspekulanten muss klar sein, dass er bei der Aufgabe einer Order ein Risiko eingeht, welches er ja begrenzen kann.

Praxis-Tipp:

Entscheidend für den Erfolg ist immer das Erkennen eines Signals und die entsprechende Handlung darauf, demnach das In-die-Märkte-Gehen. Nur wenn Sie dies schaffen, haben Sie die Möglichkeit, Gewinne zu realisieren. Die Analysierer sind auch nach einer Woche noch nicht im Markt, da sie immer noch mit der Prüfung beschäftigt sind.

Analog verhält es sich bei den Ausstiegssignalen. Dort gibt es zwei Möglichkeiten, sinnvoll aktiv zu werden:

- Entweder Sie arbeiten mit einer Stopp-Loss-Order, was bedeutet, dass Sie Ihre Aktien zu einem vorher bereits festgesetzten Kurswert verkaufen. Damit begrenzen Sie Ihr Verlustrisiko entscheidend. Wie Sie diesen Wert fixieren, ist abhängig vom Ihrem Tradingplan. Steigen die Kurse und sind Sie in der Gewinnphase, so muss die Stopp-Loss-Order dynamisch nachgezogen und angepasst werden. Damit sichern Sie bereits erzielte Gewinne teilweise ab.
- Oder Sie sind in der Lage, bei dauernder Beobachtung der Märkte den Ausstiegspunkt situationsbedingt selbst zu finden, und können dies auch konsequent realisieren. Damit meine ich, dass, falls Ihr Wert oder die Märkte drehen, die kurzfristige Hausse in Ihrer Aktie vorüber ist oder das Volumen und die Nachfrage geringer wird, Sie konsequent aus dem Markt gehen und verkaufen.

Praxis-Tipp:

Auch dies hört sich relativ einfach und für jeden nachvollziehbar und überzeugend an. Es ist jedoch nicht so! Sehr oft kommt die verständliche Gier des Spekulanten zum Tragen, immer höhere Gewinne machen zu wollen. Beim Drehen der Kurse hofft er, dass sich das Blatt wieder zu seinen Gunsten wendet, und er wartet dann zu lange, bis oftmals seine Gewinne wieder aufgezehrt sind.

Es ist eine tatsächliche Empfehlung und keine Floskel, bereits beim Kauf sofort seinen Absicherungsstopp für den Fall zu setzen, dass Ihre Erwartungen nicht erfüllt werden und die Aktie nicht steigt, sondern fällt. Jeder einzelne Trade soll ja nur mit einem festgelegten Teil des Tradingkapitals durchgeführt werden. Davon sollten Sie maximal 5 Prozent riskieren.

Achtung: Damit haben Sie zwei wirksame Sicherungen eingebaut, die Ihr Risiko entscheidend minimieren und Ihnen einen langen Atem an den Börsen ermöglichen. Und dieser ist wichtig, glauben Sie mir! Denn nur dann, wenn Sie im „Spiel" bleiben, haben Sie die Chance, Gewinne zu erzielen oder erlittene Verluste wieder aufzuholen.

Mit dieser Vorgehensweise schlagen Sie mehrere Fliegen mit einer Klappe. Sie übergeben einen Großteil der Verantwortung der Maschine, was den Vorteil hat, dass diese keine Emotionen oder Gefühlsregungen kennt, sondern Ihre Vorgaben einfach „ausführt". Wir alle neigen leider dazu, im Verlustfalle zu lange zuzusehen (in der Hoffnung auf wieder steigende Kurse) und im Gewinnfalle zu schnell auszusteigen (in der Angst, den buchmäßig bereits vorhandenen Gewinn weiter aufs Spiel zu setzen und womöglich wieder zu verlieren). Beides ist bei einer langfristig ausgerichteten Börsentätigkeit falsch und gefährlich und sollte daher vermieden werden.

Wichtig: Schauen Sie es sich doch von den Profis ab. Diese Spezies der Marktteilnehmer macht doch auch vieles richtig. Bedenken Sie bitte bei all Ihren Entscheidungen die beabsichtigte Langfristigkeit Ihres Börsenengagements. Die Börse gibt es auch Morgen, nächste Woche, nächsten Monat oder auch in vielen Jahren noch. Jeden Tag erhalten Sie die Chance auf neue und lukrative Gewinne. Warum sich daher mehr Stress machen als unbedingt erforderlich?

Charttechnik

Es gibt verschiedene Arten, einen Chart darzustellen. Denken Sie nur an den:

- Linienchart
- Balkenchart
- Point & Figure-Chart
- Renko-Chart
- Candle-Stick-Chart

Wenn Sie die Möglichkeit haben, sollten Sie auf aussagekräftige Charts setzen.

Achtung: Zur besseren Verdeutlichung und Vergleichbarkeit habe ich für die nachfolgenden Charts dieselbe Aktie und den exakt gleichen Zeitraum gewählt. Bitte ziehen Sie Ihre Schlüsse daraus!

Linienchart

Der Linienchart dürfte nur für Hobbytrader interessant sein, da Sie daraus die wenigsten Informationen beziehen können. Es werden hierbei nur die Schlusskurse innerhalb des betrachteten Zeitraums dargestellt. Weitere Hinweise können daraus nicht entnommen werden.

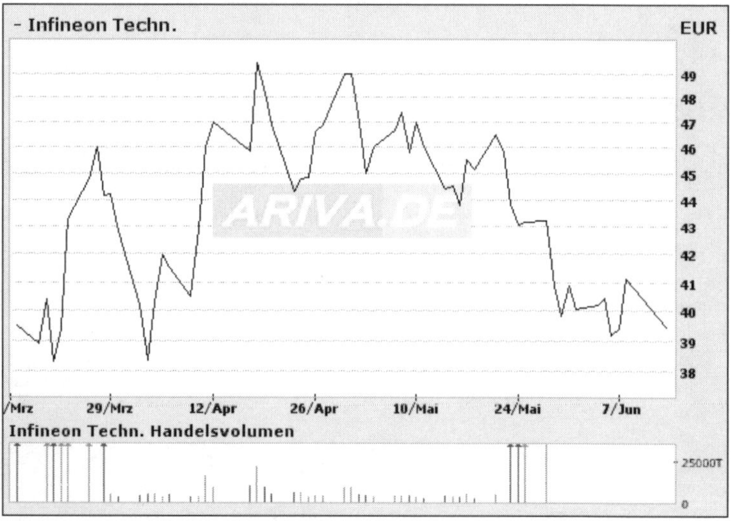

Abdruck mit freundlicher Genehmigung von Ariva

Balken-Chart

Das obere Ende des senkrechten Strichs bezeichnet den Höchstkurs. Das untere Ende den Tiefstkurs. Der waagrechte kleine Strich rechts ist der Schlusskurs. Es kann auch der Eröffnungskurs als waagrechter Strich links dargestellt werden. Aus dieser Chartform können Sie wesentlich mehr Informationen entnehmen. Dadurch wird Ihre Entscheidungsgrundlage eindeutig verbessert.

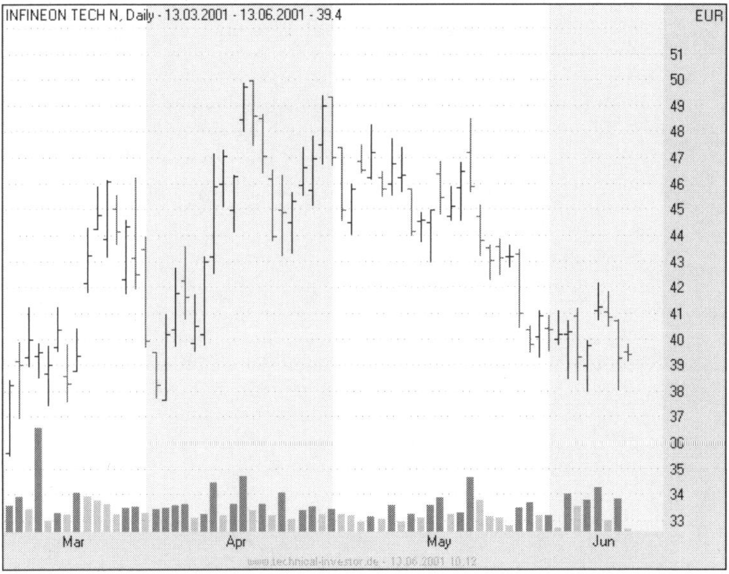

Abdruck mit freundlicher Genehmigung von Ariva

Point & Figure-Chart

Mit dieser Formation wird die Wechselbeziehung zwischen Angebot und Nachfrage grafisch dargestellt. Im Gegensatz zu den anderen Darstellungen wird der Betrachtungszeitraum außer Acht gelassen. Es wird ein x für steigende Kurse und eine 0 für fallende Kurse angezeigt. Verändert sich die Kursrichtung, so wird eine neue, senkrechte Reihe begonnen. Ziel ist es, frühzeitig einen Trend zu erkennen.

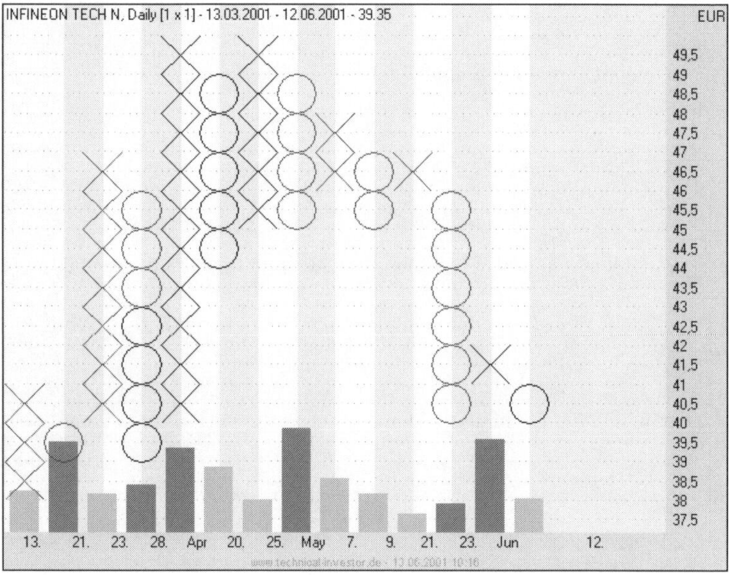

Abdruck mit freundlicher Genehmigung von Technical-Investor

Renko-Chart

Die Renkos (Ziegel) bestehen im Aufwärtstrend aus weißen und im Abwärtstrend aus schwarzen Ziegeln. Ein neuer Renko wird nur dann gezeichnet, falls sich der Markt um eine vorher definierte Kursspanne nach oben oder unten bewegt. Bewegungen gegen den vorherrschenden Trend, die nicht wesentlich sind, werden herausgefiltert. Die Marktzyklen und die Trendrichtung sind dadurch besser zu erkennen und der wahre Trend eines Kursverlaufes kommt sichtbarer zum Vorschein.

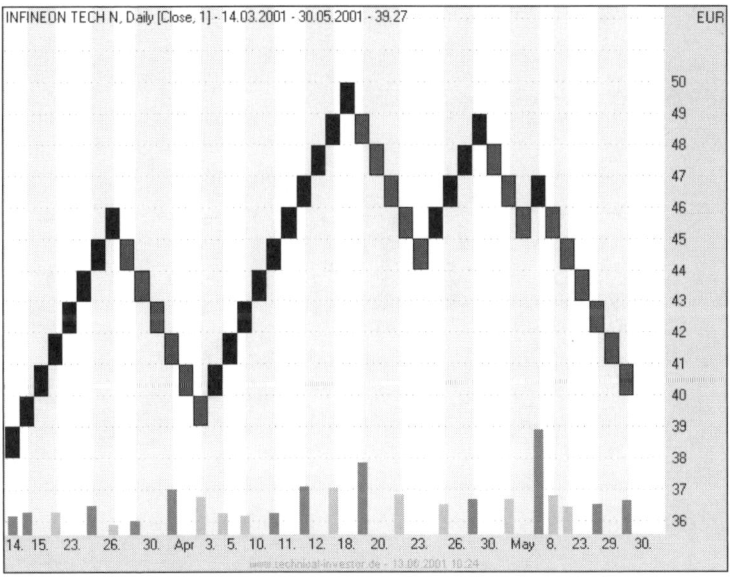

Abdruck mit freundlicher Genehmigung von Technical-Investor

Candle-Stick-Chart

Ich möchte Ihnen gerne den Candle-Stick empfehlen, da dieser eine sehr hohe Aussagekraft besitzt. Für Sie und Ihr beabsichtigtes Daytrading ist es von großer Bedeutung, die im Chart entstehenden Formationen der Candle-Sticks (Kerzen) richtig interpretieren zu können. Daraus leiten Sie, zusammen mit weiteren Parametern (Adhoc-Mitteilungen, Indikatoren, Volumen) Ihre Ein- bzw. Ausstiegssignale ab.

Die Grundmuster habe ich Ihnen nachfolgend zusammengestellt. Gleichzeitig richte ich die intensive Bitte an Sie, diese zu studieren und sie in die Praxis Ihres Daytradings mit einfließen zu lassen.

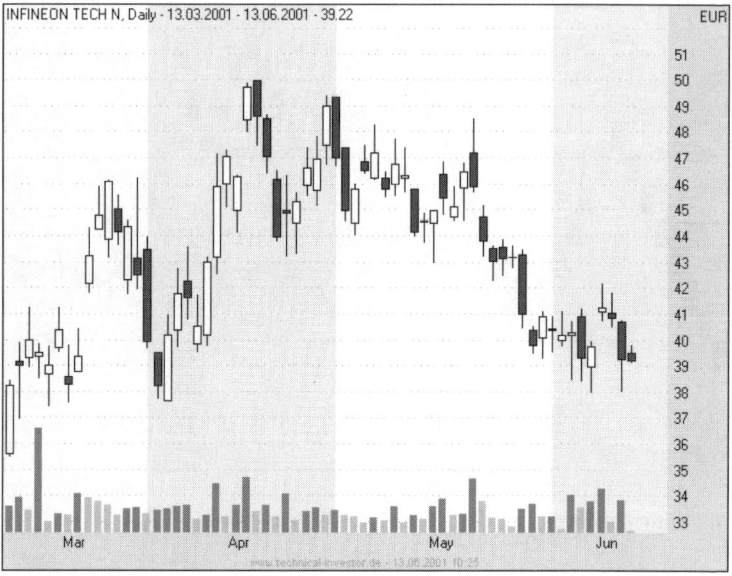

Abdruck mit freundlicher Genehmigung von Technical-Investor

Praxis-Tipp:

Ein erfolgreicher Trader kann alleine aus dem Chart den Trend, die Marktverfassung und die vorherrschende Stimmung erkennen. Weitere Hilfsmittel wie Indikatoren, Oszillatoren, Nachrichten oder dergleichen dienen nur als zusätzliche Bestätigungshinweise. Das Grundprinzip lautet: Im Chart steht die Wahrheit, was man dort nicht sieht, existiert auch nicht. Der Chart spiegelt hautnah das Anleger-/Spekulationsverhalten der Marktteilnehmer wieder.

Zusammenfassung der einzelnen Candle-Sticks und Formationen mit Erklärungen

Hausse-Kerzen – Bullish

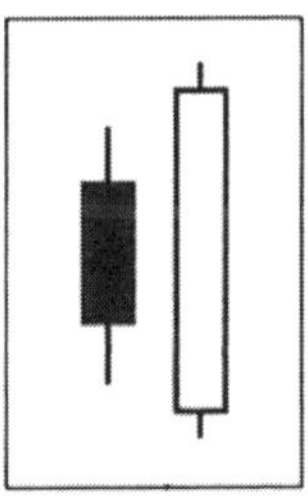

Nach einer kürzeren schwarzen Kerze folgt eine längere weiße. Wenn Sie diese Formation nach einem starken Abwärtstrend beobachten, können Sie mit großer Wahrscheinlichkeit mit steigenden Kursen rechnen. Die weiße Kerze muss allerdings größer sein als die schwarze und diese eindeutig umhüllen, also oben wie unten erheblich länger sein. Diese Kerzenformation nennt man **„Bullish Engulfing Lines“.**

Baisse-Kerzen – Bearish

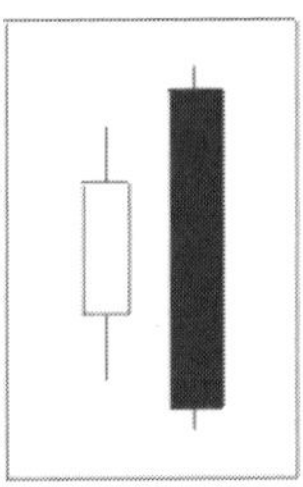

Die genau konträre Formation zeigt eine lange schwarze Kerze, die einer kürzeren weißen nachfolgt und diese ummantelt. Diese Formation tritt nach einem starken Aufwärtstrend auf. Man nennt diese Konstellation **„Bearish Engulfing Lines“.**

Long White Body – Bullish

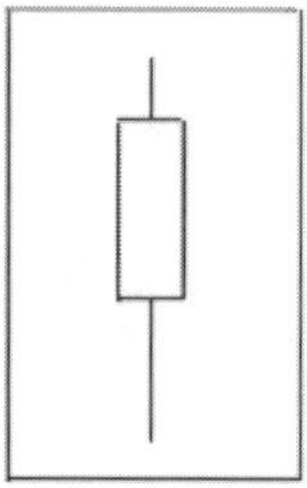

Diese Kerzenform zeigt einen steigenden Kursverlauf in einer bestimmten Zeiteinheit an. Dies kann eine Minute, Stunde, Woche oder Monat sein, je nachdem, welchen Zeitintervall der Chart zeigt oder wie Sie Ihr Analyseprogramm eingestellt haben.

Die beiden Dochte (kurzer oben, langer unten) zeigen, dass dieser Kurs sich im oberen Bereich des Beobachtungszeitraumes befindet.

Long Black Body – Bearish

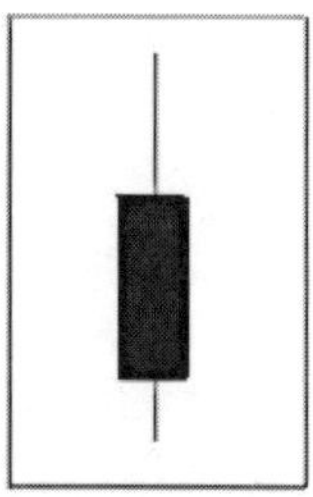

Diese konträre Kerzenform zeigt einen fallenden Kursverlauf in einer bestimmten Zeiteinheit an. Die beiden Dochte (oben lang, unten kurz) drücken aus, dass sich der Kurs innerhalb des Beobachtungszeitraumes im unteren Bereich befindet.

Hanging Man Kerze – Mögliche Trendumkehr bearish

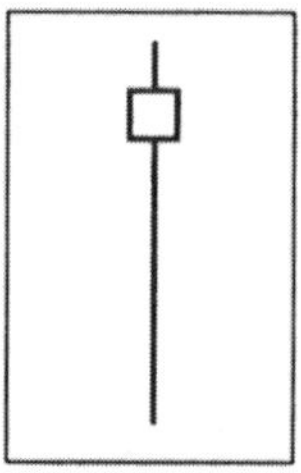

Beim so genannten hängenden Mann hängt an einem sehr kurzen Kerzenstummel eine lange Lunte (daher der prägnante Name). Dies signalisiert sehr oft eine Trendumkehr. Im Besonderen dann, wenn diese Form sich nach einem starken Aufwärtstrend ausbildet.

Die Ausprägung dieser Figur zeigt, dass nur eine geringe Differenz zwischen Anfangs- und Schlusskurs vorlag. Die lange Lunte drückt aus, dass die Shortys bereits sehr aktiv waren.

Jedoch war ihr Einfluss zu diesem Zeitpunkt noch nicht so bestimmend, um den negativen Trend während des Beobachtungszeitraumes bis zum Ende durchzuhalten oder zu bestimmen.

Zeichnet sich anschließend im Chart eine durchgefärbte Baisse-Kerze, kann darin eine Bestätigung von zu erwartenden Kursrückgängen gesehen werden. Prägnant ist bei diesem Hanging Man der nur sehr kurze Docht.

Morning Star – Trendsignal bullish

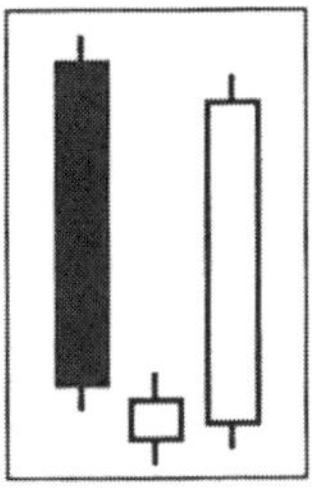

Beim Chartmuster des Morgenstern („Morning Star") liegt die kleine Kerze unter den beiden anderen, wobei die linke schwarz und die rechte weiß ist. Für die Interpretation ist es wichtig, dass diese Formation nach einer Abwärtsbewegung auftritt.

Evening Star – Trendsignal bearish

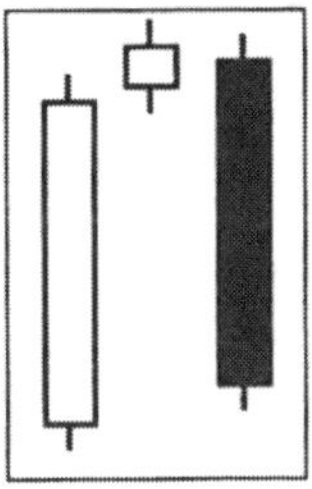

Als Abendstern („Evening Star") wird die gegenteilige Formation gedeutet. Einer tiefer gelegenen weißen Kerze folgt eine kleine Kerze und anschließend eine höher liegende schwarze. Dieses Muster zeigt eine Gipfelbildung, sofern es nach einem Aufwärtstrend zu beobachten ist.

Doji-Stern „bullish" – Bullish-Signal

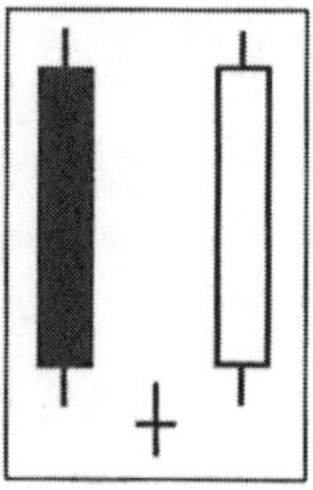

Zwischen den beiden langen Kerzenkörpern befindet sich ein so genanntes Doji-Kreuz. Mit einer Kurssteigerung kann gerechnet werden, wenn der Doji unter den beiden langen Kerzenkörpern liegt, wobei der rechte Kerzenkörper weiß und der linke schwarz sein muss.

Doji-Stern „bearish" – Bearish-Signal

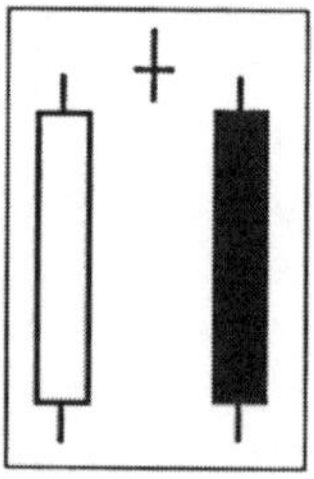

Konträr: Doji oben, wobei die linke Kerze weiß und die rechte Kerze schwarz sein muss. Dies könnte ein Ende eines vorherrschenden Aufwärtstrends anzeigen. Wichtig für die Interpretation ist, dass beide Kerzen jeweils etwa gleich lang sind und in gleicher Höhe stehen.

Identical Three Soldiers – Verschnaufpause in einem Aufwärtstrend

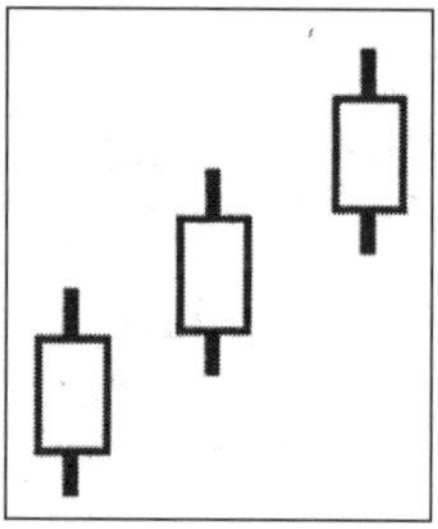

Diese Formation ist eine Reihe von drei langen weißen Candlesticks, die eine Pause in einem Aufwärtstrend anzeigen.

Identical Three Crows – Stopp einer Abwärtsbewegung

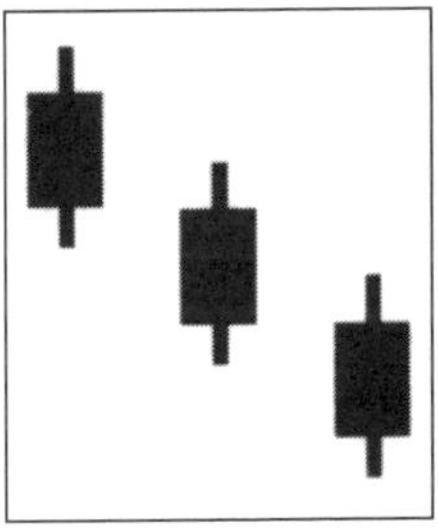

Bei dieser Formation ist der jeweilige Eröffnungskurs mit dem Vortagesschluss nahezu identisch. Sie gilt als Hinweis auf einen Ausverkauf, der zumindest vorläufig das Ende einer Abwärtsbewegung einläutet.

Bullish Belt Hold – Trendumkehrsignal

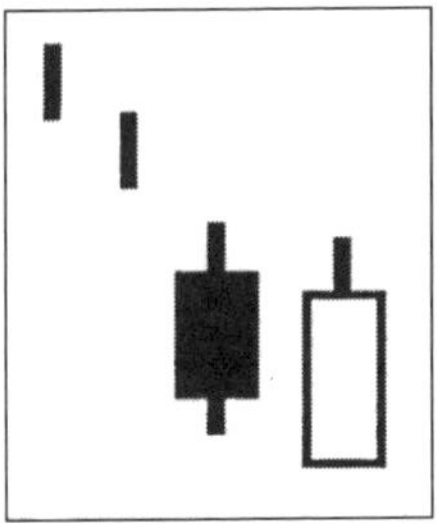

Dabei steht ein weißer Candlestick gegen den bisherigen Abwärtstrend. Wichtig ist, dass der Eröffnungskurs gleichzeitig auch das Tagestief darstellt. Ab diesem Zeitpunkt erholen sich die Kurse und schließen nahe beim Tageshoch.

Je größer die weiße Kerze ist, desto wahrscheinlicher erfolgt eine Trendumkehr. Eine Bestätigung des nächsten Tages sollte abgewartet werden.

Bearish Belt Hold – Trendumkehrsignal

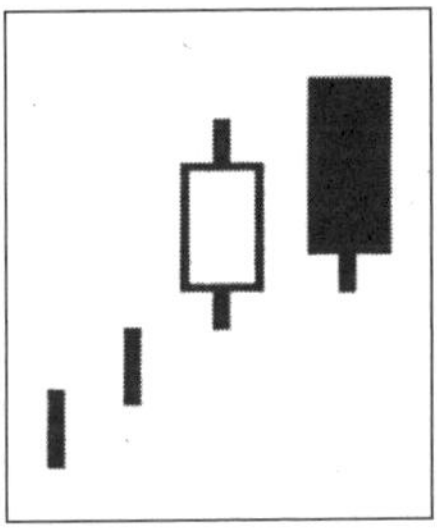

Bei den beiden Formationen ist es noch aussagekräftiger, wenn die Kurse in der Bewegung des jeweiligen bestehenden Trends eröffnen und anschließend erst im Laufe des Börsentages die konträre Richtung einschlagen.

Eine Bestätigung des nächsten Tages sollte abgewartet werden.

Abwärtstrendlinie – Fallender Kursverlauf

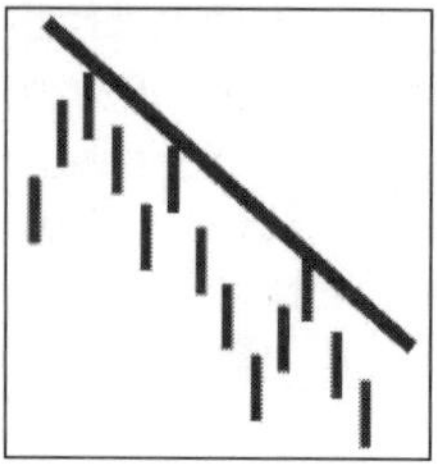

Dabei müssen mindestens drei, immer tiefer liegende Chartpunkte (Hochs) miteinander verbunden werden. Je mehr Hochs mit dieser Linie verbunden werden können, umso aussagekräftiger ist der Trendverlauf.

Abwärtstrendkanal – Fallender Kursverlauf

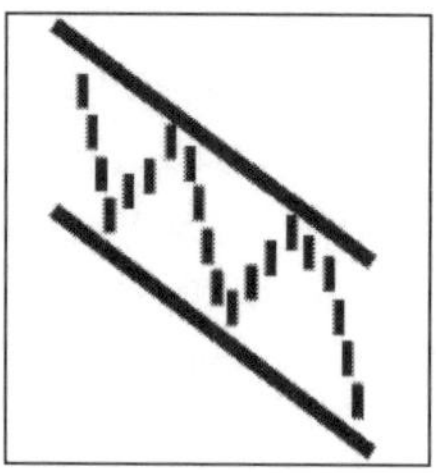

Er besteht aus zwei parallelen Abwärtstrendlinien. Die Entscheidende ist die obere Trendlinie, die mindestens über drei Hochs gehen sollte. Gleichzeitig wird eine untere Trendlinie gezogen, die möglichst viele Tiefstpunkte berühren sollte.

Symmetrisches Dreieck – Ankündigung eines neuen Trendverlaufs

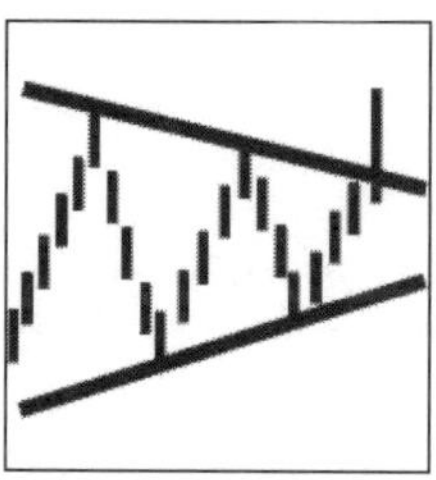

Es zeigt die Unsicherheiten der Marktteilnehmer. Die Pessimisten verlieren an Kraft. Daher liegen die Tiefs immer höher. Konträr sind derzeit auch die Optimisten noch nicht stark. Aus diesem Grunde liegen die Höchstpunkte auch immer wieder tiefer. Es ist offensichtlich, dass alle Marktteilnehmer auf einen entscheidenden Ausbruch warten.

Keilformation – Trendumkehrsignal

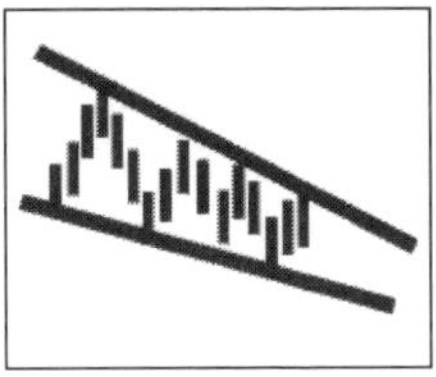

Sie ähnelt im Bild einem Dreieck. Die Trendlinien laufen aufeinander zu und treffen sich an der Spitze. Der Keil hat eine Neigung nach unten oder oben. Er ist immer gegen den vorherrschenden Trend geneigt. Aus diesem Grunde ist ein fallender Keil als bullish und ein steigender als bearish zu bezeichnen. Sie stehen oft für eine Trendumkehr.

Kreuzunterstützung – Sehr starke Unterstützungslinie bei fallenden Kursen

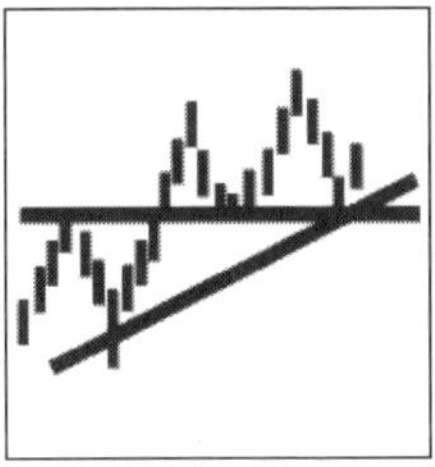

Dabei treffen zwei Linien, eine horizontale Unterstützungslinie und eine Aufwärtstrendlinie, aufeinander. Im Kreuzungspunkt treten beide Linien den fallenden Kursen entgegen und sorgen damit für eine doppelte Unterstützung.

Kreuzwiderstand – Sehr starke Widerstandslinie bei steigenden Kursen

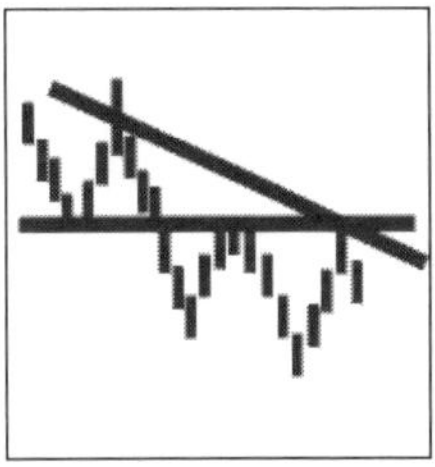

Bei massiv fallenden Kursen werden immer wieder Unterstützungslinien gesucht. Diese werden durchbrochen und daraus werden dann Widerstände. Gleichzeitig sinkt auch die Abwärtslinie. Versuchen dann die Kurse wieder zu steigen, treffen sie oftmals auf beide Formationen, die dann den Kreuzwiderstand bilden.

Bullish-Keil – Ausbruchssignal bullish

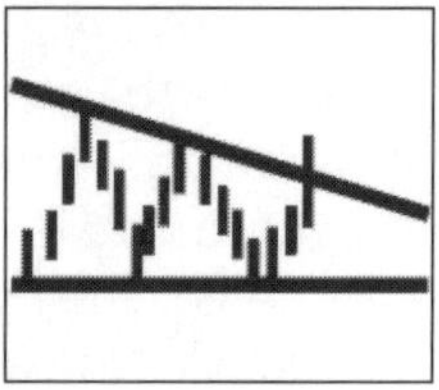

Er stellt eine Bodenbildungsformation dar, die am Ende eines Abwärtstrends entsteht. Dieser lässt nach und die untere Trendlinie wird flacher. Die Bullen können sich jedoch noch nicht entscheidend durchsetzen. Diese Formation stellt einen Bullish-Ausbruchsversuch dar.

Flaggen-Formation – Verschnaufpause des jeweiligen Trendverlaufes

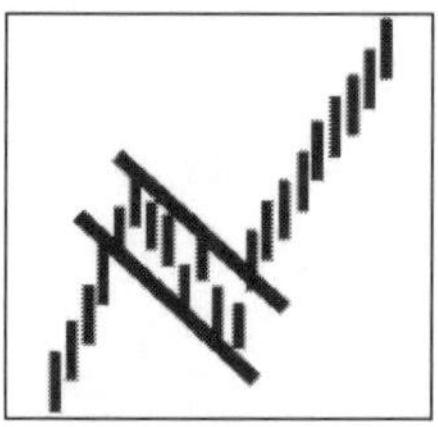

Sie drückt eine Verschnaufpause des jeweiligen Trendverlaufes aus, da sich die Kurse nur kurzzeitig in die konträre Richtung bewegen. Die Formation ist sowohl bei steigenden wie auch bei fallenden Kursen zu beobachten. Die Flaggen-Formation darf nur kurzfristiger Natur sein, da ansonsten eine Trendumkehr vorliegt.

V-Formation

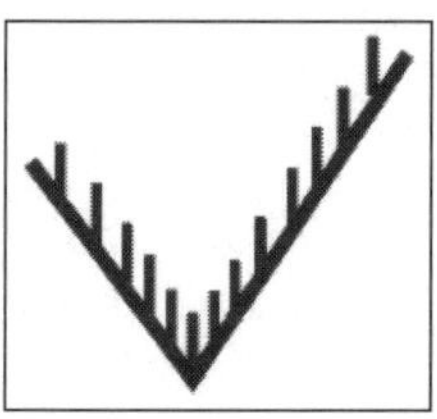

Sie symbolisiert eine sehr schnelle Trendumkehr, die für viele Marktteilnehmer überraschend kommt. Dieser Trendwechsel verstärkt sich, wenn viele Börsianer dem neuen Trend folgen. Oftmals ist diese Formation erst im Nachhinein zu deuten, weil der Wechsel in der Trendbewegung sich äußerst rasch vollzieht.

Dreieck – Trendbestätigungssignale

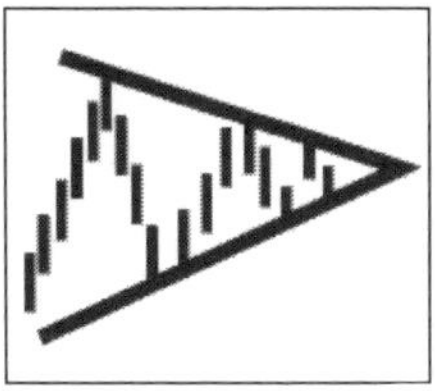

Dieses Signal ist sehr häufig zu beobachten. Überwiegend steht es für eine Trendbestätigung. Es entsteht meistens an den so genannten Widerstandslinien. Erst zum Zeitpunkt des Ausbruchs hat man Sicherheit, ob es den Trend bestätigt oder diesen bricht. Oftmals erfolgt anschließend eine schnelle Kursbewegung.

Rechteck – Seitwärtsbewegung des Kurses

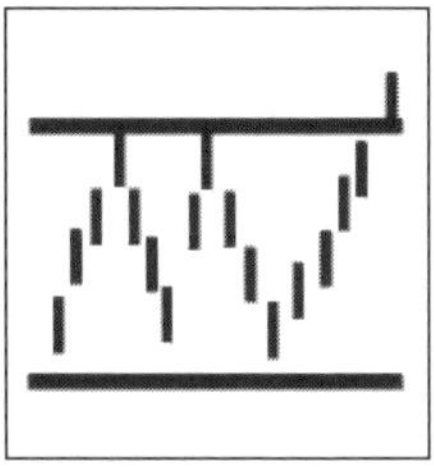

Diese Formation stellt eine Konsolidierungsphase nach einer starken Trendbewegung dar. Die Kurse verschnaufen und bewegen sich für einen Zeitraum seitwärts zwischen einer Widerstands- und einer Unterstützungslinie (Range). Es werden neue Kräfte gesammelt, um anschließend die Trendbewegung wieder fortzusetzen.

Widerstands- und Unterstützungslinien

Sie können als Trader nur nach der aktuelle Nachrichtenlage, Adhoc-Mitteilungen, allgemeiner Markttendenz, speziellen Insiderbranchen oder Empfehlungen gehen. Auch Börsenzeitungen, Fernsehsendungen, Tipps von Bekannten, Hinweise aus Chatrooms wären Möglichkeiten, zu denen ich Ihnen jedoch nicht rate.

Worauf ich hinausmöchte, ist, dass Sie neben allen weiteren Informationen auch einen Chart der betreffenden Firma benötigen, deren Aktien Sie kurzfristig handeln möchten. Dieser Chart sollte einen Mindestzeitrahmen von einem Jahr zeigen, damit er aussagekräftig ist. Daraus können Sie unter Umständen Emissionspreise,

Höchst- und Tiefststände sowie signifikante Widerstands- und Unterstützungslinien entnehmen.

Praxis-Tipp:

Optimal ist es, wenn Sie in dieses Chartbild auch Widerstands- und Unterstützungslinien einzeichnen können oder wenn das System zumindest die allgemein üblichen 38 oder 200 Tageslinien grafisch vorgibt. Besteht die Möglichkeit, die Charts selbst zu bearbeiten, stellt dies einen wesentlichen Vorteil dar, da Sie auch Aufwärts- und Abwärtstrends, Trendkanäle und wichtige Ein- bzw. Ausstiegspunkte einzeichnen können.

Für einen professionellen Daytrader – ein Status, den Sie unbedingt anstreben sollten – ist es ein absolutes Erfordernis, mit diesen Linien zu arbeiten und zugleich deren Aussagekraft und Bedeutung zu kennen.

Wichtig: Alle Profis arbeiten mit diesem Handwerkszeug. Denken Sie an die vorher genannten Ausführungen, dass Sie das „richtige Werkzeug" für die Tätigkeit an der Börse haben müssen, und dieses ist nun mal „Hightech". Nur daraus ziehen Sie Vorteile gegenüber einem Großteil der anderen Marktteilnehmer, was für Sie wiederum eine höhere Gewinnchance bedeutet.

Oftmals bewegen sich die Kurse seitwärts innerhalb einer Range und testen mehrmals bereits erreichte Höchststände. Dort prallen Sie jedoch wieder ab und sind nicht in der Lage, diese Widerstände signifikant zu durchbrechen. Solche Höchststände verbinden Sie mit einer horizontalen Linie, welche dann die Widerstandslinie darstellt. Es müssen mindestens drei solcher Höchstpunkte durch die Linie gehen, da ansonsten keine Aussagekraft vorhanden ist. Liegen mehrere dieser Höchstpunkte auf der Linie, so wird die Aussagekraft verstärkt. Je länger eine Widerstandslinie hält, umso höher wird auch deren Bedeutung.

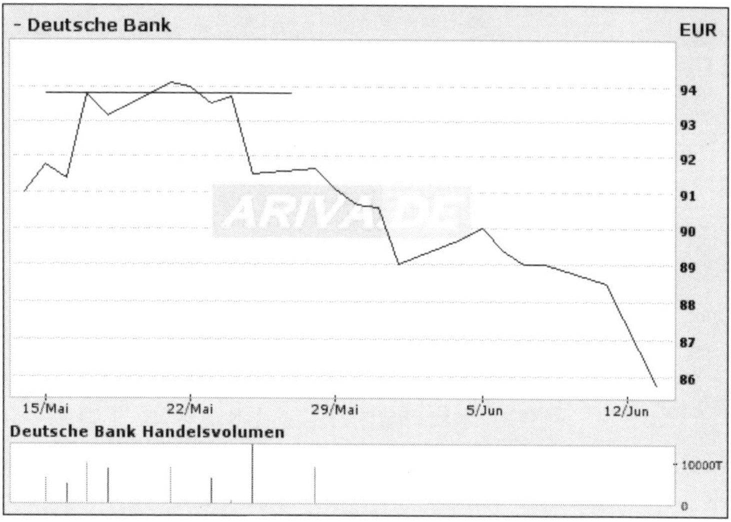

Abdruck mit freundlicher Genehmigung von Ariva

Werden nun diese Linien durch steigende Kurse durchbrochen (Widerstandslinie), stellt dies oftmals ein Kaufsignal dar. Werden die Tiefstkurse jedoch nach unten durchbrochen, steht dies in aller Regel für ein sofortiges Verkaufssignal.

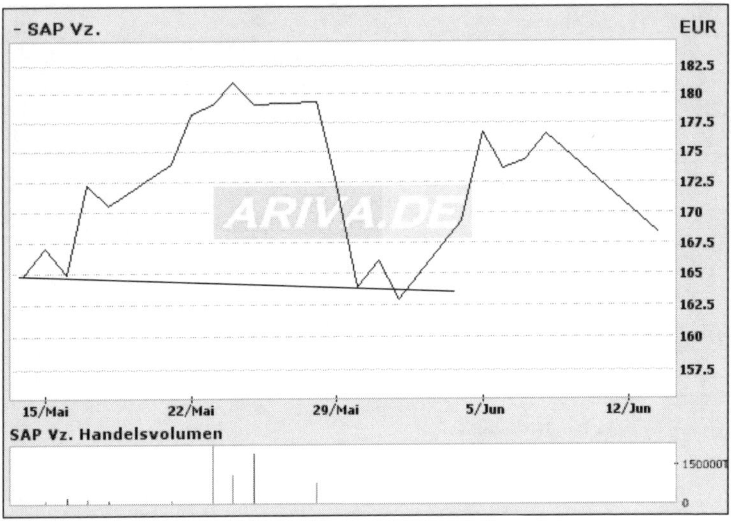

Abdruck mit freundlicher Genehmigung von Ariva

Analog verhält es sich mit einer Unterstützungslinie. Die Punkte am Tiefstkurs verbinden Sie ebenfalls mit einer horizontalen Linie. Diese stellt dann die Unterstützung dar. Auch hier sollte die Linie mindestens über drei Tiefststände gezogen werden können.

Wichtige Indikatoren

Für das Daytrading, welches ja Grundlage dieses Buches ist, sprechen wir von einem Zeitraum von einem bis maximal drei Tagen. Zur Abrundung Ihres Wissens und als weiteres Hilfsmittel für fundierte Handelsentscheidungen darf ich Ihnen dringend anraten, mit den wichtigsten Indikatoren zu arbeiten. Es stellen sich damit folgende Fragen:

- Welche Indikatoren sind für den Kurzzeithandel geeignet?
- Was sagen sie aus?
- Welche Schlüsse können Sie daraus ziehen?
- Wie sind sie in der Praxis einsetzbar?
- Wie kommen Sie persönlich damit zurecht?
- Sind sie ein Allheilmittel oder eine Gelddruckmaschine?

Empfehlungsliste wichtiger Indikatoren

- MACD
- Momentum
- OBV
- RSI
- Stochastik
- Bollinger Bänder

MACD:
Moving Average Convergence Divergence Indikator

Dieser Indikator wird in der Praxis sehr häufig verwendet, da er sich in nahezu jeglicher Marktlage als wichtiges, technisches Hilfsmittel eignet. Der MACD subtrahiert 2 GD voneinander. Ein Wert oberhalb Null drückt aus, dass der kurze GD oberhalb des langen GDs liegt. Ein Wert unterhalb Null beschreibt das Gegenteil. Je weiter die MACD Linie von der Linie Null entfernt ist, desto stärker herrscht eine Divergenz vor. Dies bedeutet eine weitere Verstärkung des vorherrschenden Trends. Eine Abnahme zeigt eine Schwächung des Trends. Entscheidendes Kriterium ist es, damit eine Trendwende zu erkennen.

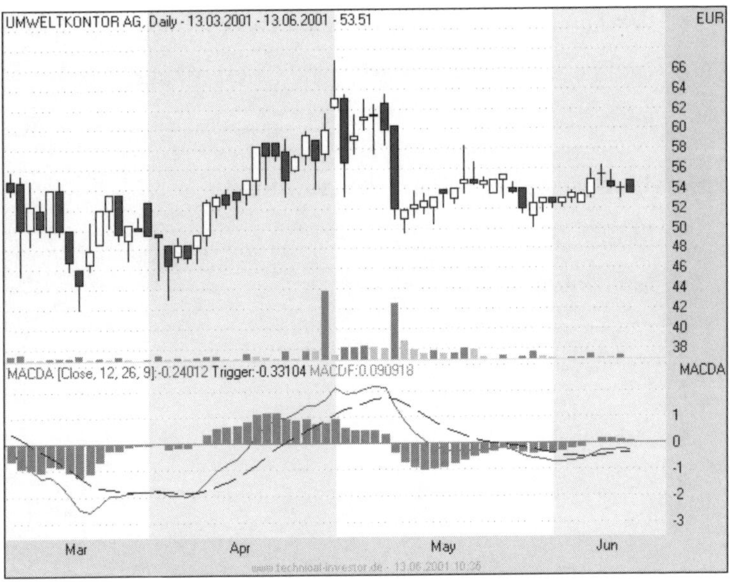

Abdruck mit freundlicher Genehmigung von Technical-Investor

Momentum

Ebenfalls ein sehr häufig verwendeter Oszillator. Es wird damit versucht, die Kraft einer Kursbewegung zu messen. Dabei wird vom aktuellen Kurs einfach der Kurs der letzten eingestellten Intervalle abgezogen. Zweck ist es, neue Trends zu erkennen. Diese künden sich sehr oft durch große Kursbewegungen an. Im Laufe der Zeit lässt die Kraft des Trends und damit der absolute Wert des Momentums häufig nach. Die klassische Interpretation liefert der Durchbruch der Mittelpunktslinie von unten nach oben (Kaufsignal). Der konträre Fall eines Durchbruchs von oben nach unten steht eindeutig für ein Verkaufssignal.

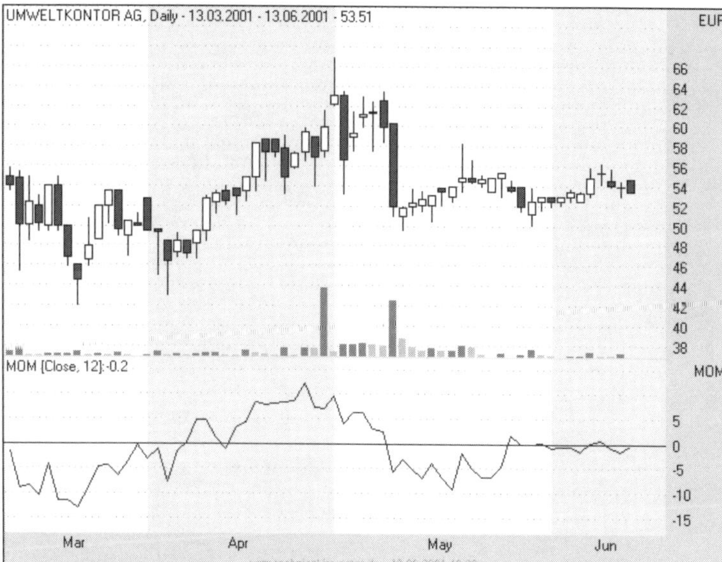

Abdruck mit freundlicher Genehmigung von Technical-Investor

OBV

Der OBV Indikator setzt das Volumen, also die Umsätze zu den Kursveränderungen in Relation. Es wird das Volumen für eine gegebene Periode addiert bzw. subtrahiert, abhängig davon, ob der Schlusskurs höher oder niedriger als der des vorherigen Zeitintervalls war. Eine Glättung ist zur Verstärkung der Aussagekraft noch möglich.

Steigt nun der Markt, ohne dass der OBV diese Bewegung mitmacht, befinden sich die Kurse an der Spitze. Dies könnte auf fallende Kurse hindeuten. Stagniert jedoch der OBV bei sinkendem Markt, deutet dies auf einen Wendepunkt hin, also auf steigende Kurse. Es wird angezeigt, ob Kapital in den Markt fließt oder diesem entzogen wird.

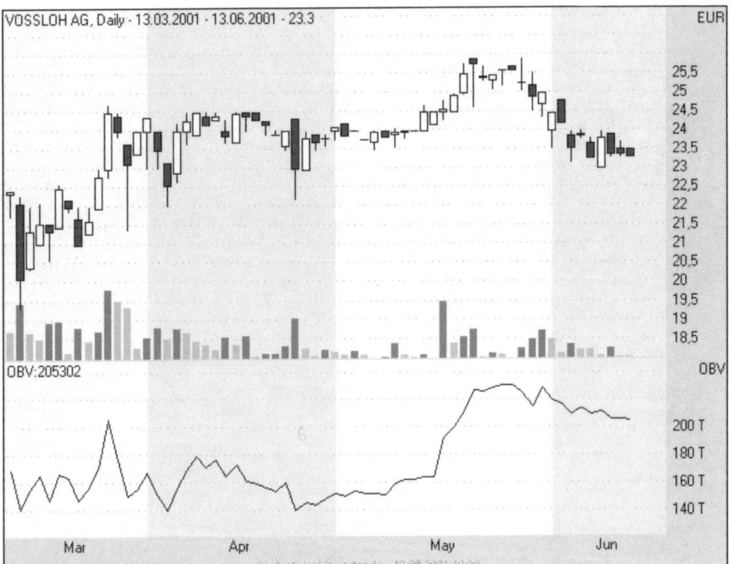

Abdruck mit freundlicher Genehmigung von Technical-Investor

RSI

Er versucht, die innere Stärke innerhalb eines bestimmten Zeitintervalls zu messen. Im RSI wird ein Verhältnis zwischen den Auf- und Abwärtsbewegungen der jeweiligen Kurse gebildet. Der Indikator schwankt zwischen 0 und 100.

Daraus ergibt sich, dass bei einem Wert von 0 keinerlei innere Stärke mehr vorhanden ist. Der Kurs ist im betrachteten Zeitraum ausschließlich gefallen. Ein Wert von 100 dagegen bedeutet eine optimale innere Stärke. Der Kurs ist nur gestiegen und der Markt ist überkauft. An einem solchen Punkt ist eindeutig mit einer Gegenreaktion zu rechnen.

Das echte Kauf- oder Verkaufssignal wird in der Praxis erst dann erzeugt, wenn der Indikator den jeweiligen Extrembereich verlassen hat.

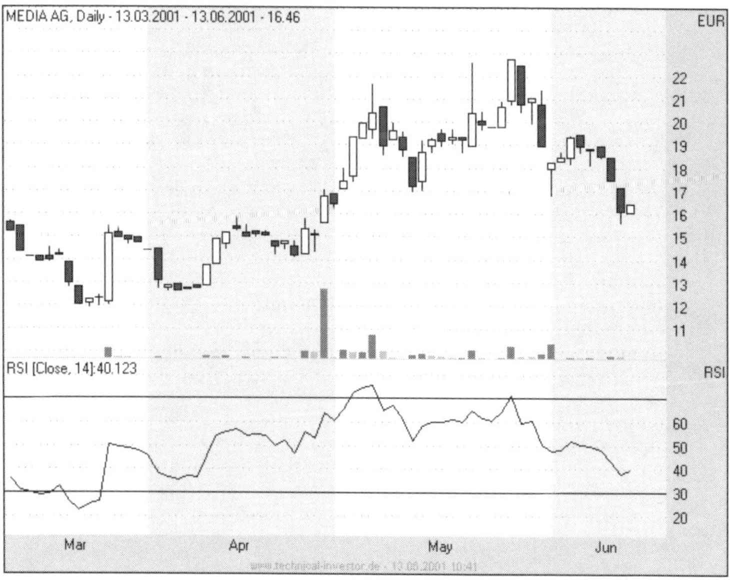

Abdruck mit freundlicher Genehmigung von Technical-Investor

Stochastik

Der Stochastik setzt sich aus zwei Durchschnittslinien zusammen, die zwischen 0 und 100 oszillieren.

Verkaufssignal = wenn beide Linien die 75er Linie von oben nach unten schneiden.

Kaufsignal = wenn beide Linien die 30er Linie von unten nach oben schneiden.

Der Indikator drückt aus, dass in einem Aufwärtstrend die täglichen Schlusskurse näher beim Tageshöchstkurs liegen, während in einem Abwärtstrend die Schlusskurse näher beim Tiefstkurs liegen. Eine Umkehr des Trends wird dadurch identifiziert, dass sich die Schlusskurse immer weiter in die konträre Richtung bewegen. Wenn abschließend dann der Wert auf Tageshoch bzw. -tief schließt, ist der Trend vorbei.

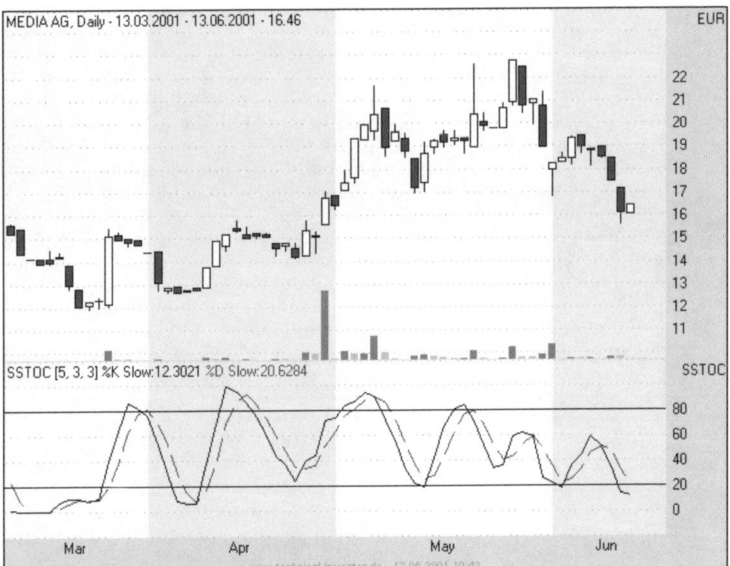

Abdruck mit freundlicher Genehmigung von Technical-Investor

Bollinger Bänder

Die Kursbewegungen neigen in der Regel dazu, sich von einem Bollinger Band zum nächsten zu bewegen. Die Bollinger Bänder bewegen sich ober- und unterhalb des gleitenden Durchschnitts einer festeingestellten Periode x.

Durchbricht der Kurs das obere Bollinger Band, so ist die Kaufposition zu überprüfen. Durchbricht der Kurs das untere Bollinger Band, so ist die Verkaufsposition zu überprüfen. In beiden Fällen sind weitere Indikatoren in die Entscheidungsfindung miteinzubeziehen (Volumen, Bid- und Ask-Size).

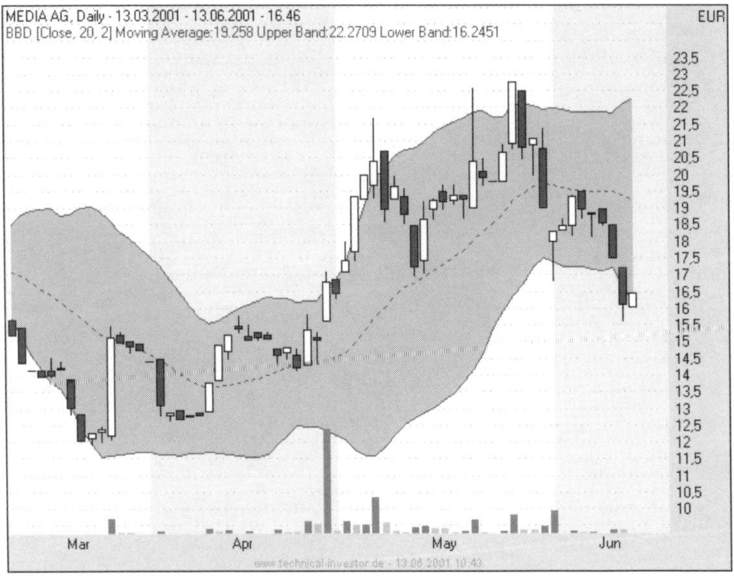

Abdruck mit freundlicher Genehmigung von Technical-Investor

Technische Analyse auf einen Blick

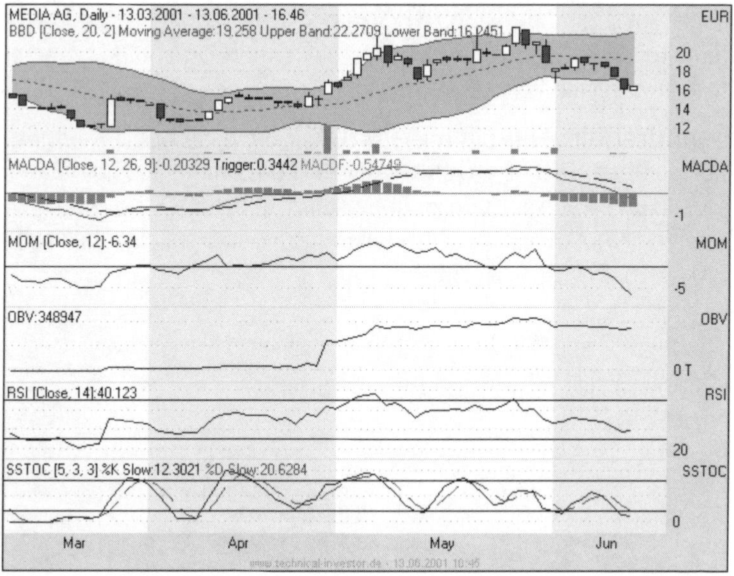

Abdruck mit freundlicher Genehmigung von Technical-Investor

Traden in eigener Verantwortung

7

Grundregeln beim Daytrading

Daytrading mit Aktien zielt darauf ab, mittels kurzfristiger Marktschwankungen bzw. steigender Aktienkurse Tradinggewinne zu erzielen. Die Volatilität geeigneter Märkte kommt diesem Vorhaben entgegen. Kursausbrüche einzelner Aktien, vor allem aufgrund neu entstehender Nachrichtenlage, technischer Reaktionen, Zinssenkungen, Erholungsphasen der Märkte und weiterer Parameter, sorgen häufig dafür, dass die notwendigen Gewinnchancen vorhanden sind.

Die Herausforderung besteht nun darin, die Börsensituation richtig einzuschätzen, die kursrelevanten Aktien zu erkennen, herauszufiltern und mit dieser Strategie in kurzen Zeitabschnitten Gewinne zu erzielen. Ausgangslage ist, dass Sie in aller Regel bei einer erkannten Tradingchance diese Aktien ordern, abwarten, bis sich der Kurs in die hoffentlich gewünschte Richtung bewegt und anschließend diese Aktien noch am selben oder folgenden Tage mit Gewinn wieder veräußern. Sie stellen damit ihre Position glatt und sind wieder aus dem Markt. Dann suchen Sie eine neue Einstiegschance, und die Arbeit beginnt von vorne.

Praxis-Tipp:

Ein Grundgedanke dieses Tradingmodells ist es, nur kurzzeitig in den Märkten zu verbleiben, gleichzeitig eine Stopp-Loss-Order zu setzen, um das Verlustrisiko zu begrenzen, und immer nur mit einem kleineren Teil seines Börsenkapitals zu agieren. Die höhere Anzahl von Tradingaktivitäten wird bei einem positiven Verlauf (mehr Gewinn- als Verlusttrades) für ansehnliche Gewinne sorgen (immer Verhältnis zum Einsatz, multipliziert zur Tradingaktivität).

Wichtig: Sie können dadurch vermeiden, dass Ihre Aktien oder die Märkte, in denen Sie traden, über viele Wochen und Monate herabgeredet werden und Sie sich plötzlich in einer Baisse oder in einem Crash befinden. Der Wertverlust Ihres Aktiendepots könnte ansonsten so enorm sein, dass es einen Zeitpunkt gibt, an dem selbst ein Verkauf keinen wirklichen Sinn mehr ergeben könnte (denken Sie an die eingangs erwähnten 95 Prozent Kursverluste). Das Schlachtfeld an den Weltbörsen und die Milliarden Verluste, die dadurch entstanden sind, hatten ihre Ursachen mit in der unzutreffenden Einschätzung der Marktlage, vorgenommen durch fast sämtliche Analysten, Gurus und wichtige Entscheidungsträger.

Allein aus der Art des Handelns, dem zugrunde liegenden Tradingplan und wegen der besonderen Art des Risiko- und Moneymanagements, sind beim Daytrading mehrere Sicherungsmechanismen eingebaut. Sie müssen diese nur verstehen, einhalten und umsetzen. Dies ist bereits der halbe Erfolg.

Auf sich allein gestellt

Wenn Sie das Daytrading, wie beschrieben, online betreiben, sind Sie allein auf sich gestellt. Ihnen hält niemand die Hand. Sie haben keinen Ratgeber, keine Souffleuse und auch keine gute Fee, die Ihnen Ratschläge und Tipps gibt. Ihre Unterstützung beschränkt sich allein auf die Informationen, die Sie entweder von ihrem Direktbroker bekommen oder die Sie auf irgendwelchen anderen Wegen abrufen oder erhalten können. Sie sitzen allein vor dem Bildschirm, Ihr Konto ist eröffnet, und Sie möchten nun endlich aktiv werden.

Aus dem Spiel wird Ernst

Die Zeit des fiktiven Handels ist nun vorbei. Ihre Pflichtaufgaben in Form von Papiertrades haben Sie durchgeführt, Ihre Erfolge und Misserfolge aufgezeichnet und die entsprechenden Rückschlüsse gezogen. Alles, was erforderlich war, haben Sie veranlasst. Ihr Tradingplan steht, die Technik funktioniert und das Konto ist freigeschaltet. Nun geht's los.

Auswahl der richtigen Aktienmärkte

Bevor Sie sich entschließen, tatsächlich in die Märkte einzusteigen, müssen Sie sich noch einmal über Ihre Persönlichkeitsstruktur, Ihr Anlage- bzw. Spekulationsverhalten und über Ihre Risikoneigung klar werden.

Mit der Höhe des bewusst eingegangenen Risikos steigt verständlicherweise auch Ihre Gewinnerwartung, bzw. die Verlustmöglichkeit vergrößert sich entsprechend. Lassen Sie uns bitte zur besseren Unterscheidung drei Modelle herausarbeiten, die ich wie folgt klassifizieren möchte:

Daytrading blau/konservativ

Diesen Daytradern würde ich vor allem die Aktien aus folgenden Marktsegmenten empfehlen:

- DAX 30 Werte
- Euro Stoxx 50
- M-DAX
- Smax
- Dow-Jones 30 Werte

Daytrading grün/agressiveres Tradingverhalten

- Nemax 50
- Standard & Poor's 500
- Nasdaq

Daytrader rot/hochspekulativ, agressiv

Hierbei sind vor allem die Aktien folgender Indizes zu nennen:

- Nemax 50
- Nemax All-Share
- Standard & Poor's 500
- Nikkei
- Hang-Seng
- Emerging Markets

Achtung: Lassen Sie dennoch die Finger von den Asiatischen Märkten und den so genannten Penny-Stoxx's Aktien aus diesen Ländern. Dort fehlt Ihnen in aller Regel das Grundlagenwissen, das Verständnis der dortigen Marktmechanismen, und es gibt Probleme bei der Nachrichtenübermittlung sowie der Sprache!!!

Praxis-Tipp:

In Deutschland, Europa und den USA gibt es genug aufregende Märkte und Situationen, in denen Sie nach Herzenslust traden können und die auch über die notwendige Volatilität verfügen!

Daytrading in der Praxis

8

Tages-Checkliste

Sie können nicht nach der Devise „Hoppla, jetzt komme ich" in die Märkte einsteigen.

Praxis-Tipp:

Als Daytrader haben Sie eine hochwertige Tätigkeit zu verrichten, die jeden Tag eine entsprechende Vorbereitung erfordert. Dies verhält sich analog wie bei anderen, besonderen Berufsgruppen. Sie sollten anfangs eine Checkliste erstellen, die Grundlage für Ihre Vorbereitung ist.

Beispiel:

- Wie wurde der Nachthandel in Asien beendet?
- Schlusskurse der USA-Börsen (Dow-Jones, Nasdaq und Standard & Poor's 500)?
- Welche Meinungen und Kommentare herrschen am Markt?
- Sind wichtige Nachrichten nach Börsenschluss gelaufen?
- Haben Firmen Umsatzzahlen oder sonstige, kursrelevante Daten veröffentlicht?
- Stehen am heutigen Tage Entscheidungen an?
- Genaue Uhrzeit der Entscheidung?
- Welche Unternehmen veröffentlichen heute Quartalszahlen?
- Stehen aktuell Bilanzpressekonferenzen, Analystentagungen oder Hauptversammlungen an?
- Welche Tagestendenz könnte heute vorherrschen?
- Welche Branchen sind derzeit „in" bzw. befinden sich auf dem Vormarsch?

- Gibt es Aktienfavoriten, und wie haben sich diese die letzten Tage verhalten?
- Sind Auffälligkeiten im Handelsvolumen einzelner Aktien feststellbar?
- Welche Aktien haben mit einem hohen, positiven Gap (Kurslücke) eröffnet?
- Was ist der Grund hierfür?
- Wer sind die absolut höchsten Gewinner in den ersten 30 Börsenminuten?
- Kann ich Nasdaq-Gewinner des Vortages (Branchen/Aktien) auf den Neuen Markt projizieren?

Gezielte Vorbereitung

Nur dann, wenn Sie diese Checkliste abgearbeitet haben, besitzen Sie einen gewissen Marktüberblick und sind größtenteils vor Überraschungen gefeit. Andererseits müssen Sie ihre Taktik darauf ausrichten, möglichst schnell Aktien herauszufinden, die heute Entwicklungsmöglichkeiten haben. Nur wenn es Ihnen gelingt, diese frühzeitig zu selektieren und einen Trend zu erkennen, haben Sie die Chance, gut zu verdienen. Auch hier ist Schnelligkeit beim Einstieg gefragt. Wenn der Zug längst abgefahren, den Bahnhof verlassen und bereits auf freier Strecke ist, brauchen Sie nicht mehr aufzuspringen.

Besorgung aller nötigen Infos

Nun ist primär Ihr Discountbroker gefordert.

Erinnern Sie sich an Kapitel 3, wonach nicht die Gebührenhöhe das allein Entscheidende oder Seligmachende ist, sondern der „Service", der Sie erst in die Lage versetzt, fundierte Informationen kurzfristig zu erhalten, um damit gezielte Handelsentscheidungen treffen zu können. Sie müssen nun in der Lage sein, bei Eröffnung der Börse um 9.00 Uhr „börsentauglich" zu sein. Anschließend müssen sie permanent mit News versorgt werden. Wie sonst sollten Sie die Aktien herausfinden, bei denen kurzfristig, aufgrund der aktuellen Nachrichtenlage, mit einer Kurssteigerung zu rechnen ist? Ihre Aufgabe besteht darin, laufend die angebotenen Seiten Ihres Discountbrokers abzurufen, die wichtigsten Inhalte geistig zu verarbeiten und die richtigen Schlüsse daraus zu ziehen (Einstieg ja oder nein bzw. wann).

Achtung: In aller Regel werden diese Informationen nicht ausreichend sein, sodass Sie auf weitere Nachrichten angewiesen sind. Diese finden Sie auf den Homepages weiterer Discountbroker und Firmen, die sich mit dem Brokerage und dem Börsengeschehen befassen. Eine ausführliche Zusammenstellung geeigneter Homepages finden Sie im Kapitel 14 „Hilfreiche Adressen".

Ich darf Ihnen an dieser Stelle abermals empfehlen, die für Sie interessantesten Homepages zu speichern, sodass Sie nur noch darauf klicken müssen und dadurch Zeit sparen.

Praxis-Tipp:

Kursrelevante Infos sind für Sie so wichtig wie für den Verdurstenden die Oase in der Wüste. Nur dann sind Sie in der Lage, zum richtigen Zeitpunkt in die „Gewinneraktien" zu investieren, um dadurch Geld zu verdienen.

Die Bedeutung der Ad-hoc-Mitteilungen

Sie kennen ja inzwischen die kontroverse Diskussion um die Ad-hoc-Mitteilungen. Vor allem am „Neuen Markt" wurde mit diesem Instrument häufig Schindluder betrieben und dieses für Werbezwecke missbraucht. Damit wurden Kurse gepuscht oder auch eine Kurspflege betrieben. Teilweise sind damit Anleger falsch informiert worden, kurz gesagt, dieses Instrument wurde oftmals für die eigenen Firmenzwecke verwendet, und damit zweckentfremdet.

Grundsätzlich sind alle börsennotierten Unternehmen verpflichtet, wichtige, d.h. kursrelevante Mitteilungen per Ad-hoc-Meldung der börseninteressierten Öffentlichkeit zur Kenntnis zu bringen. Damit soll gewährleistet werden, dass die Anleger einen aktuellen Informationsstand haben und daraus Ihre Handelsentscheidungen ableiten können. Zur Zeit wird gerade auch in diesem Themenbereich durch die unterschiedlichsten Stellen ermittelt!

Wichtig: Nichtsdestotrotz sind für Sie als privaten Daytrader diese Ad-hoc-Mitteilungen lebenswichtig. Genauso entscheidend sind jedoch die Schlussfolgerungen, die Sie daraus ziehen.

Richtige Interpretation kursrelevanter Daten

Interpretieren Sie diese Nachrichten richtig und mit Ihnen zusammen auch eine größere Anzahl weiterer Marktteilnehmer, werden die Kurse des betreffenden Wertpapiers steigen, und Sie können daraus Ihre Gewinne ziehen.

Sind Ihre Schlüsse daraus nicht zutreffend bzw. erfährt ein Großteil der Börsianer davon nichts oder wertet diese Nachricht einfach anders, wird sich der Kurs der Aktie nicht oder nur unwesentlich verändern. Damit ist eigentlich nichts Negatives geschehen. Sie können einige Zeit später Ihre Aktien wieder verkaufen und tragen nur die entstandenen Gebühren beim Kauf und Verkauf als möglichen Verlust. Dies könnte verschmerzt werden.

Wenn jedoch die konträre Situation eintritt und Nachrichten, die Sie als positiv werten, von der Masse der Marktteilnehmer als negativ empfunden werden und daraufhin der Kurs dieser Aktien fällt, schmerzt dieser Verlust wesentlich stärker. Analog verhält es sich, wenn ein institutioneller Anleger sein eigenes Spiel treibt und in vermeintlich gute Nachrichten hinein gezielt größere Bestände abgibt. Dies ist auch einer der wesentlichsten Gründe für das Setzen einer Stopp-Loss-Order.

Erkennen von Einstiegssignalen

Bereits im Kapitel 6 „Bedeutung der technischen Analyse" wurde auf die Bedeutung dieses Punktes eingegangen. Es gibt wiederum mehrere Alternativen, bei einer erkannten Aktie einzusteigen.

Beispiel:

Entweder Sie erkennen eine kursrelevante Nachricht zu einer Aktie, filtern diese aus, betrachten den Chart, achten auf Widerstandslinien und steigen anschließend sofort in den Markt ein. Sie sind damit einer der Ersten, erhalten einen guten Kaufpreis, setzen einen Absicherungsstopp und warten die Entwicklung ab.

Oder Sie beobachten die Aktie sehr genau weiter. Nun könnten Sie sofort einsteigen, in der Hoffnung, den optimalen Einstiegskurs zu erhalten und darauf vertrauen, dass im nachfolgenden Zeitraum mehrere Marktteilnehmer aufmerksam werden und ebenfalls diesen Wert kaufen (Veröffentlichungen im Internet oder in Chatrooms, Kommentare und Analystenmeinungen, Verbreitung über die Fernsehsender). Aus den bereits vorher beschriebenen Gründen ist dies ein sehr waghalsiger Schritt, da Sie ja von Ihrer eigenen Einschätzung auf die Mehrheit der Marktteilnehmer schließen. Sie werden nun den Kurs, das Volumen sowie Angebot und Nachfrage beobachten, und wenn Sie dort zeitnah einen signifikanten Anstieg ersehen, sollte dies dann der richtige Einstiegszeitpunkt sein. Damit haben Sie eine gewisse Sicherheit, dass Ihre Markteinschätzung zutreffend ist. Ob Sie die Aktie einige Cent oder einen EUR schlechter erhalten, wird durch die Risikominimierung, auf lange Sicht gesehen, so meine ich, mehr als ausgeglichen.

Praxis-Tipp:
Ich würde Ihnen im Regelfall die zweite Variante empfehlen, da diese ein wesentlich sichereres Traden ermöglicht. Und: Sie sollten nicht meinen, mit Daytrading innerhalb eines Monats reich werden zu können. Ihre Handelstätigkeit ist auf langfristige, kontinuierliche Gewinne auszulegen.

Aktives Daytrading

Eröffnung einer Position

Sie haben die Online-Verbindung zu Ihrem Direktbroker bekommen, sich in das System eingeloggt, die für Sie richtige Aktie ausgewählt, den Einstiegszeitpunkt festgelegt und möchten nun handeln.

Im richtigen Verhältnis zu Ihrem Tradingkapital und zur Planvorgabe kaufen Sie eine entsprechende Anzahl von Aktien ein. Zur Durchführung der Kauforder benötigt Ihr Direktbroker folgende Daten:

- Wertpapierkennnummer
- Anzahl der zu kaufenden Aktien
- Kaufpreis oder Limitangabe
- Marketorder/Bestens
- Datum, zu welchem die Kauforder gelten soll
- Angabe des Börsenplatzes für den Kauf (in aller Regel Xetra-Handel)
- Ihre TAN-Nummer zur Identifizierung und Legalisierung dieser Kauforder

Anschließend bestätigen Sie Ihre Kauforder und versenden diese. Je nach Broker, Orderplatz und Volumen erhalten Sie die nächsten Minuten auf Ihrem Konto den Hinweis, dass die Order sich in

Bearbeitung befindet, bereits ganz oder auch nur teilweise ausgeführt ist. Teilweise dann, wenn zum genannten Preis keine entsprechende Anzahl von Aktien vorhanden war bzw. wenn der Ordergröße im jetzigen Zeitpunkt kein entsprechendes Angebot gegenüberstand. Der Auftrag wird dann in Stückelungen erledigt.

Welche Parameter sind laufend zu beachten?

Jetzt müssen Sie die Kursentwicklung der von Ihnen gekauften Aktie im Auge behalten. Dabei haben Sie nun das Problem, dass Sie in aller Regel nur einen Chart erhalten, der 15 Minuten zeitverzögert ist. Wenn Sie damit zufrieden sind, müssen Sie eben in diesen Zeitintervallen den Kurs wieder aktualisieren. Neben Ihrer eigenen Position sind natürlich laufend weitere Aktien und Trends zu suchen, um wieder Einstiegssignale für andere Aktienwerte zu erhalten.

Nur abwarten und Tee trinken funktioniert nicht. Bei Ihnen müssen alle Sensoren auf Empfang geschaltet sein, damit Sie gleichzeitig Ihre Kontroll- und Recherchetätigkeiten ausführen können.

Praxis-Tipp:

Für den Anfang rate ich Ihnen deshalb, nur jeweils mit einer Position im Markt zu sein. Erst wenn Sie diese wieder geschlossen (glatt gestellt) haben, sollten Sie neue Aktien kaufen. Dadurch behalten Sie den Überblick. Erst nach mehr Erfahrung sind Sie in der Lage, mit mehreren Aktienwerten gleichzeitig zu traden.

Erinnern Sie sich noch an die ersten Überlegungen in diesem Buch? Wir haben darin von einem „professionellen Daytrading" gesprochen. Dies bedeutet eine „Beinahe-Ebenbürtigkeit" mit den institutionellen Anlegern und Profis (15 Prozent) und einen Marktvorteil gegenüber den weiteren Börsianern (85 Prozent).

Praxis-Tipp:

Bitte sind Sie nicht der absurden Meinung, ohne einen entsprechenden Geldeinsatz für Technik und Ihr Informationssystem an der Börse sehr gut und vor allem kontinuierlich verdienen zu können! Überall im Geschäftsleben müssen Sie vorab einen Geldeinsatz erbringen und Ihnen entstehen auch laufende Kosten. Dies schafft erst die Grundlage, ein Vielfaches davon erwirtschaften zu können. Erlauben Sie mir bitte zur besseren Verdeutlichung, zukünftig von einem professionelleren Equipment auszugehen.

Nutzen Sie alle technischen Möglichkeiten:

- Sehr wichtig ist es, ein Informationsprogramm zu haben, aus welchem Sie alle Aktien im Gesamtmarkt (DAX, M-DAX, Neuer Markt und eventuell USA Börsen) sowie auch den von Ihnen gekauften Aktienwert beobachten können.
- Ihre Aktien müssen Sie in einem separaten Bildschirmfenster verwalten und immer im Blickfeld haben, mit der Möglichkeit, optisch oder akustisch ein Signal zu erhalten, falls eine Stoppmarke erreicht wird.
- Ein zweites Bildschirmfeld ist für die Aktienwerte reserviert, die Sie bereits ausgewählt haben und laufend beobachten, um auf Ihr Einstiegssignal zu warten. Auch hierzu können Sie entsprechende Signale generieren.
- Die restliche Bildschirmfläche ist für Nachrichten und für die Recherchen im Gesamtmarkt gedacht.
- Optimalerweise sollte dies ein System sein, welches jeden Tick an der Börse aufzeichnet und sichtbar macht, d.h. nicht von Ihnen manuell bedient werden muss, sondern eigenständig tätig ist.

Wie lange soll die Position gehalten werden?

Dies ist sowohl eine der am häufigsten gestellten und zugleich auch schwer zu beantwortenden Fragen beim Daytrading. Eine generelle

Antwort darauf gibt es sicher nicht, zumindest kenne ich keine. Dies hängt von mehreren Faktoren ab, u.a. auch von Ihrer Persönlichkeit.

Ich möchte darauf folgendermaßen antworten:

„Genau so lange, wie es Ihr Tradingplan vorsieht, bzw. es die aktuelle Marktsituation vorgibt oder erlaubt."

Sind Sie aufgrund der vorausgegangenen Nachricht bzw. des Kursanstiegs Ihrer Aktie der Meinung, dass Sie mit der Einschätzung richtig liegen, so könnten Sie in Erwartung größerer Ausschläge Ihren Verkaufspunkt 10 Prozent über den Kaufkurs setzen. Wird dieser Verkaufskurs erreicht, heißt es hellwach zu sein. Entweder Sie verkaufen jetzt und nehmen den Gewinn mit oder Sie ziehen Ihren Stopp nach.

Arbeiten mit Stopp-Loss-Orders

Ihren Absicherungsstopp im Verlustfalle sollten Sie 5 Prozent unter Ihren Kaufkurs setzen, da Sie, falls die Aktie bis zu diesem Limit fällt, Ihre Kauforder – ganz einfach gesagt – falsch analysiert haben. Die von Ihnen prognostizierte Einschätzung für die gekaufte Aktie hat sich nicht erfüllt. Mit dieser Methode begrenzen Sie Ihren Verlust auf 5 Prozent. Hinzu kommen noch die Gebühren für den Kauf und Verkauf von ca. 0,6 Prozent, was Ihr Gesamtrisiko auf 5,6 Prozent maximiert.

Weitere Bedeutung einer dynamisch angepassten Stopp-Loss-Order ist es, dass beim Erreichen eines vorgegebenen Kursgewinnes beim Drehen des Marktes dieser auch realisiert wird. Die Gefahr ist groß, zu gierig zu werden und in der Hoffnung auf immer weiter steigende Kurse zu vergessen, seine Gewinne auch zu realisieren. Es gibt sehr viele Gründe, warum dann die Kurse sehr schnell wieder drehen. Sind Sie nicht konsequent und schnell genug, können sich Gewinne wieder ganz oder teilweise verflüchtigen. Über dieses Phänomen konnten Sie bereits an anderer Stelle einiges lesen. Ich bitte Sie, dies immer in Ihre Überlegungen aufzunehmen.

Beobachtung des Aktienvolumens

Dieser Recherche kommt eine besondere Bedeutung zu. Stellen Sie in einer Aktie einen sehr regen Handel fest, ohne dass eine Nachricht dieses erklärt, so setzen Sie diesen Wert auf Ihre Beobachtungsliste. Vergleichen Sie die Handelsaktivitäten mit Daten aus der Vergangenheit. Stehen wichtige Termine an? Sind Kooperationen, Zukäufe oder Übernahmen geplant? Bezieht sich das hohe Handelsvolumen auf private Trader oder institutionelle Spekulanten? Dies können Sie oftmals aus der Ordergröße ersehen (immer 1.000 oder 2.000 Stückorders). Versuchen Sie, die Ursachen zu erforschen, denn diese sollen ja Grundlage der Entscheidung sein.

Achtung: In Ihrem Aktiendepot ist es sehr wichtig, wie sich das aktuelle Tagesvolumen gegenüber den Vortagen verändert. Steigt es seit der Ad-hoc-Mitteilung überproportional an, ist mit weiteren satten Kurserhöhungen rechnen. Gibt es bis zum Börsenschluss um 20.00 Uhr keine großen Verkäufe, können Sie auch eine „Over-Night-Position" ziemlich gefahrlos halten. Das alles sind Informationen, die für Sie als Trader entscheidend sind, auch im Bezug darauf, wie lange Sie Ihre Position noch halten sollen.

Laufende Beachtung des Bid und Ask

Unter Bid ist die Nachfrage zu verstehen. Diese sagt aus, zu welchem Kurswert ein Interessent bereit ist, die Aktie zu kaufen. Das Angebot oder Ask drückt aus, zu welchem Preis jemand bereit ist, seine Aktie zu verkaufen.

Bid-Size und Ask-Size

Aus diesen Positionen können Sie zusätzlich noch ersehen, wie viele Aktien zu einem bestimmten Preis nachgefragt und welche Anzahl von Aktien zum Verkauf zu einem bestimmten Preis angeboten werden.

Wie Sie wissen, bestimmen ja Angebot und Nachfrage den Preis. Sind viele Käufer aufgrund dieser neuen Nachricht im Markt, die Aktien dieses bestimmten Wertes kaufen möchten, werden die Verkäufer nur bereit sein, diese zu einem jeweils höheren Kurswert zu verkaufen. Der Effekt daraus ist, dass der Aktienkurs ständig nach oben geht. Nimmt die Nachfrage in der Aktie ab, sind nicht mehr so viele Kaufinteressierte im Markt, so wird sich der Kurs beruhigen und wahrscheinlich wieder fallen, weil nun die Spekulanten Ihre Gewinne realisieren möchten und daher auch zu niedrigeren Kursen verkaufen. Diese Parameter sind sehr aussagekräftig und ermöglichen, fundierte Entscheidungen treffen zu können.

Möglichkeiten des Arbitrage-Handels

Darunter ist die Ausnutzung von Kursdifferenzen innerhalb der gleichen Aktie zu verstehen, die sich aus dem Handel an unterschiedlichen Börsenplätzen ergibt. Dabei handelt es sich vom Grundsatz her um ein risikoloses Differenzgeschäft.

Beispiel:

Die SAP-Aktie wird im Xetra-Handel mit 150 EUR angeboten. An der Regionalbörse in München wird sie für 147, in Stuttgart für 148 und in Hamburg für 149 EUR gehandelt. Sie kaufen nun in München 1.000 Stück für 147 EUR und verkaufen diese wenige Sekunden später in Hamburg für 149 EUR oder über Xetra für 150 EUR, was die schnellste Bearbeitung garantieren würde. Dies würde für Sie einen völlig risikofreien Bruttoverdienst von 3.000 EUR bedeuten. Ein sehr lohnendes Geschäft, wie Sie mir bestätigen werden.

Leider läuft dieses Geschäft für den Privattrader nicht so einfach, da Sie nur im voll elektronischen Xetra-Handel die erforderliche Geschwindigkeit haben. Die Regionalbörsen sind bedauerlicherweise nicht in dieser Schnelligkeit handelbar, sodass Sie erst am nächsten Tag auf Ihrem Konto ersehen, ob Sie die Aktien erhalten haben und zu welchem Kurs. Sorry, dies ist jedoch die Realität.

Klären Sie ab, über welche Möglichkeiten und Schnelligkeit Ihr Direktbroker verfügt. Durch die elektronische Vernetzung und die neuen Kommunikationswege wird der Arbitragehandel immer weiter zurückgedrängt, und die Markttransparenz verbessert sich.

Den richtigen Verkaufszeitpunkt wählen

Generationen von Tradern haben sich mit diesem Phänomen bzw. dieser Frage befasst. Eine eindeutige Antwort hierzu kann sicherlich niemand geben. Man könnte theoretisch in Abwandlungen ganze Bücher darüber schreiben, doch ich bin davon überzeugt, dass es den „richtigen Verkaufszeitpunkt" nicht gibt.

Diesen müssen Sie individuell, nach Ihrer Persönlichkeit, Ihrem Tradingverhalten und Tradingplan sowie Ihrem Risk- und Moneymanagement auswählen. Vergessen Sie in diesem Zusammenhang und gerade an dieser Stelle nicht den alten, wie auch sehr weisen und immer wieder zutreffenden Börsenspruch: „Aus Gewinnmitnahmen ist noch niemand arm geworden!"

Praxis-Tipp:

Hierzu ist die notwendige Disziplin und Eigenverantwortung gefordert. Da ich aus der Praxis genau weiß, dass dies viele Spekulanten nicht schaffen, rate ich Ihnen dringend, vorab maschinelle Verkaufsaufträge einzugeben und den Rest im Regelfalle den Computer erledigen zu lassen.

Tagesanalyse – lernen Sie aus Ihren Fehlern

Nach Beendigung Ihrer Börsensitzung sollten Sie den Tag Revue passieren lassen und Ihre Gedanken und Entscheidungen analysieren:

- Wie ist der Börsentag für Sie verlaufen?
- War Ihre Recherche gut?
- Haben Sie entscheidende Informationen frühzeitig erhalten?
- War die Aktienauswahl in Ordnung?
- Konnten Sie einen guten Einstiegspreis erzielen?
- Haben Sie Absicherungsstopps gesetzt?
- Haben Sie nach Ihrem Tradingplan gehandelt?
- Sind Sie konsequent ausgestiegen?
- Sind Sie aus den Märkten oder halten Sie noch eine Position?

Die ganze Analyse hätte keinen Sinn, wenn Sie nicht Ihre Schlüsse daraus ziehen und versuchen, aus Fehlern zu lernen, um diese in der Zukunft zu vermeiden. An der Börse werden Sie immer wieder neue Fehler machen. Alte sollten Sie jedoch vermeiden.

Wenn Sie diese Vorgehensweise beherzigen, können Sie es gar nicht vermeiden, dass Sie die Qualität Ihres Tradings permanent verbessern. Sie sammeln täglich neue Erfahrungen, sind laufend in den Märkten, befassen sich intensiv mit dem Marktgeschehen, arbeiten mit vielen Chartmustern, erkennen dadurch Signale und Trends leichter und schneller, haben Ihre positiven und negativen Erfahrungen bereits gemacht und erhalten die nötige Routine, genau wie bei jeder anderen Art von Tätigkeit auch.

Für einen Arzt wird die erste Operation sicherlich sehr heikel sein. Gleiches gilt für einen Rechtsanwalt bei der Premiere vor Gericht. Analog verhält es sich bei Ihnen. Wenn Sie das erste Jahr als Daytrader gut überstanden haben, so stehen Ihre Chancen nicht schlecht, sich in diesem Markt erfolgreich behaupten zu können. Die Verdienste folgen dann zwangsläufig. Und diese Stückchen vom großen Kuchen „Börse" schmecken fein!!!

Einzelne Tage im Leben eines Daytraders

9

Erfahrungsberichte – hautnah!

Wie auch bisher in meinen Büchern, möchte ich Ihnen an dieser Stelle einige praxisrelevante Sequenzen bzw. Tage im Leben eines Daytraders beschreiben, um Sie dadurch für diese Art der Tätigkeit zu sensibilisieren, falls dies noch erforderlich wäre.

Wichtig: Auch in diesem langen Zeitraum einer Baisse gab es dennoch relativ viele und auch gute Möglichkeiten, Geld zu verdienen. In der Hauptsache jedoch nur im Kurzzeitspektrum des Daytradings, da ansonsten sich viele Gewinne wieder in Luft aufgelöst hätten.

Ein erlebnisreicher Börsentag

Es ist Mittwoch, der 11.04.2001.

Wie bereits an anderer Stelle beschrieben, führe ich über ca. 30 Aktien eine so genannte Beobachtungsliste. Dies sind Aktienwerte, die ich täglich auf Wiedervorlage halte, weil ich aufgrund meiner durchgeführten Recherchen dort aus den verschiedensten Gründen ein kurzfristiges Kurspotenzial vermute. Trifft dies bei einigen Werten nicht zu, ersetze ich diese durch neue Werte.

Einer dieser Aktienwerte auf meiner Watchlist ist die Fa. Pixelpark am Neuen Markt. Der Wert wurde in der Vergangenheit sehr verprügelt und ist daher weit zurückgefallen.

Praxis-Tipp:

Die Aktie konnte an diesem Tage das von mir gesetzte Signal von 5,10 EUR übersteigen. Ein solches Limit kann ich je Aktie frei wählen und in mein Programm einspeichern. Erreicht nun eine Aktie das von mir gesetzte Limit, so erscheint auf meinem Bildschirm sowohl grafisch wie auch akustisch mehrfach ein Signal, welches mich zum Handeln auffordert. Ich checke dann in der Regel noch einmal quer, versuche die Ursache dieses Anstieges zu ergründen, betrachte das aktuelle Handelsvolumen sowie das der letzten Tage, sehe mir die Markttiefe an und gebe sofort meine Order auf.

Die Meldungen überschlagen sich. Von einem strategischen Einstieg, ja sogar vom Interesse großer Fondgesellschaften wird berichtet. Sogar eine möglichen Beteiligung seitens der Telekom kommt über die Ticker der Nachrichtendienste. Bertelsmann möchte nun doch verkaufen, da der Wert des Aktiendepots laufend steigt. Die Gerüchteküche brodelte über mehrere Tage auf heißer Flamme.

Innerhalb von nur drei Tagen legte der Wert in der Spitze über 200 Prozent zu. Eine absolut gute Tradingchance für sehr gut informierte sowie mit Stopp-Buy- und Stopp-Loss-Order arbeitende Daytrader.

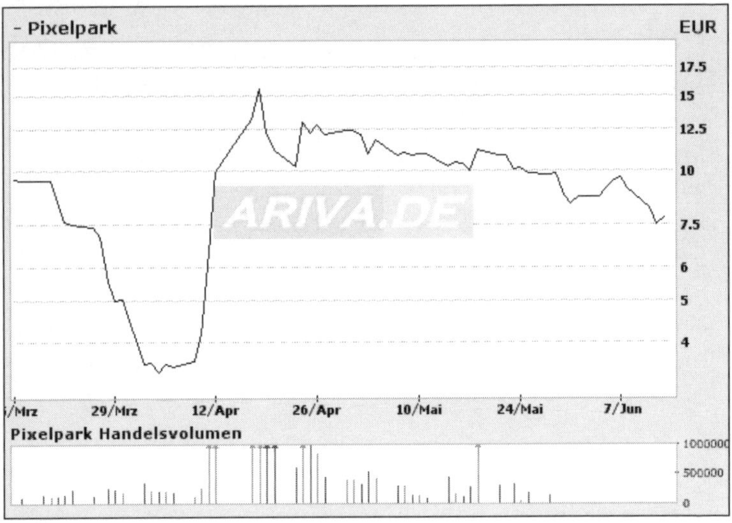

Abdruck mit freundlicher Genehmigung von Ariva

Ein weiterer Wert fesselt ebenfalls meine Aufmerksamkeit:

Anfang April stieß ich bei meinen Recherchen auf die Aktie von Lipro am Neuen Markt.

Am 05.04.2001 erfolgt eine Kaufempfehlung für diesen Wert, da die Liquiditätsprobleme überwunden werden könnten. Die Geschäftszahlen sollten im Plan liegen. Damit ist die weitere Kursentwicklung dieser Aktie genau zu beobachten, da der Wert hochspekulativ ist.

Ich setze das Einstiegssignal bei 1,40 EUR. Falls dieser Widerstand durchbrochen wird, muss ein Einstieg und gleichzeitiger Absicherungsstopp bei 1,25 EUR erfolgen. Die Taktik geht auf und der Schlusskurs steht bei 1,70 EUR.

Der nächste Handelstag war nicht aufregend. Am Dienstag nach Ostern, den 17.04.2001, konnte der Wert bis 2,25 EUR zulegen. Verabschiedung aus dem Markt und Gewinnmitnahme sind das Resultat.

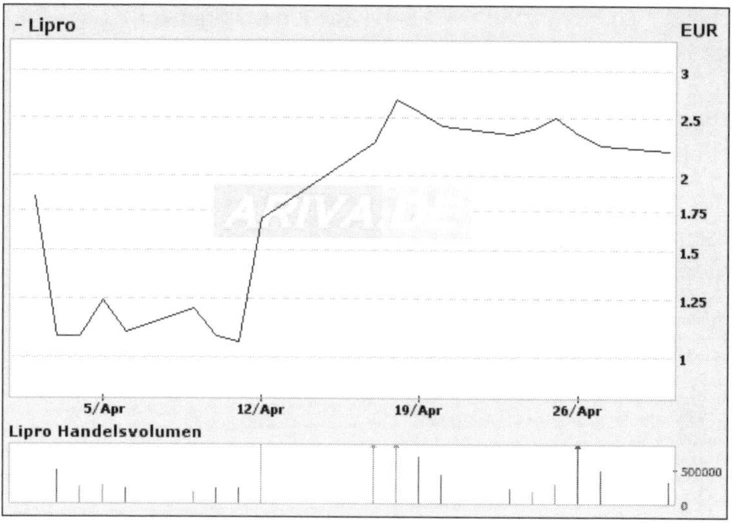

Abdruck mit freundlicher Genehmigung von Ariva

Eine neue Chance

Es ist Dienstag, der 17.04.2001.

Vor allem hohe Auftragsvolumen sorgen oftmals für Kurssprünge. Dies zeigt sich im Besonderen am schwer gebeutelten Neuen Markt. Dort konnten viele Unternehmen bisher noch nicht beweisen, dass sowohl ihr Geschäftsmodell als auch das Management in der Lage sind, Gewinne zu erzielen.

Entsprechende Meldungen haben mein Interesse auf F.J.A. gelenkt.

- 11.04.2001: Firma erhält bereits den zweiten Großauftrag innerhalb einer Woche.
- 11.04.2001: Riesters Rentenreform bringt bereits neue Kunden und Perspektiven.
- 15.04.2001: Kaufempfehlung einer großen Börsenzeitung.

Den diesen Nachrichten und Einschätzungen folgenden Kursverlauf bis Anfang Mai können Sie im nachfolgenden Chart selbst betrachten. Im Zeitraum dieser wenigen Tage waren drei signifikante Einstiegssignale vorhanden. Immer dann, wenn die Aktie den Widerstand des letzten Höchstkurses durchbrochen hatte, war spekulativ Geld zu verdienen.

Stopp-Buy-Order bei 0,50 Cents über der Widerstandslinie und Stopp-Loss-Order im besprochenen Rahmen wurden dynamisch angepasst nachgezogen.

Alles relativ einfach, so könnten Sie meinen! Ein gezieltes Stockpicking und der Mut, dann tatsächlich einzusteigen, sind jedoch absolute Voraussetzungen für dieses Metier.

Abdruck mit freundlicher Genehmigung von Ariva

Gestern ist vorbei, nur heute zählt

Es ist Freitag, der 27.04.2001.

Ein weiterer Beobachtungswert ist Co.don, am Neuen Markt.

- 22.04.2001: Vorstellung mit Kaufempfehlung in der Euro am Sonntag.
- 23.04.2001: Kaufen (Anlegerbrief) und weitere Empfehlungen im Focus Money (27.04.) sowie in weiteren News und Ad-hoc-Mitteilungen.

Mein Signal wurde bei 18,10 EUR ausgelöst. Der Wert ist am gleichen Tage noch bis 20,30 EUR gelaufen. Weitere Steigerungen am folgenden Tag bis 23 EUR. Der Schlusskurs liegt bei 21,10 Euro.

Praxis-Tipp:

Sie sehen daraus, wie Analysten bzw. Fachzeitschriften mit einer Kaufempfehlung die Kurse nach oben treiben können und wie die Masse der Marktteilnehmer diese Hinweise ungeprüft übernimmt. Daher muss es für Sie Pflichtlektüre sein, die einschlägigen Wochenzeitungen und die wichtigen Börsenbriefe zu verfolgen, um die möglichen Reaktionen einer größeren Anzahl von Börsianern mit in Ihr Kalkül einzubeziehen.

Achtung: Die Masse der Marktteilnehmer allerdings vergisst schlicht und einfach, mit einer konsequenten Stopptechnik zu arbeiten und rechtzeitig auszusteigen.

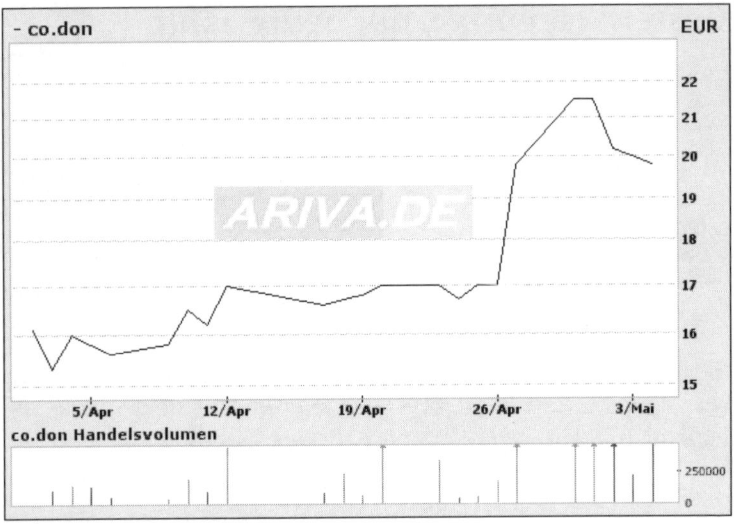

Abdruck mit freundlicher Genehmigung von Ariva

Wieder eine Herausforderung

Es ist Dienstag, der 22.05.2001.

Auf meiner Watchlist befindet sich bereits seit einem Monat ein relativ langweiliger Aktienwert, nämlich die Einzelhandelskette Spar Vz. Längerer Kursverfall aufgrund von Schwierigkeiten innerhalb des Unternehmens prägen das Bild.

Seit 26.04.2001 verfolge ich den Kurs sehr genau, da der Vorstandsvorsitzende ausgewechselt wurde und Übernahmegerüchte seitens eines französischen Konzerns am Markt sind. Dies könnte der Aktie, die seit geraumer Zeit langweilig seitwärts tendiert, neue Phantasie geben.

Ich setze ein Limit auf 3 EUR. Dies bedeutet, wenn der Kurs diesen Wert erreicht, erhalte ich sowohl grafisch als auch akustisch mein Einstiegssignal. Die nächsten zwei Tage ist aufgrund der erfolgten Übernahme der Kurs auf mehr als 5,5 EUR gestiegen. Der Absicherungsstopp wurde jeweils dynamisch angepasst und nachgezogen.

Sie werden zustimmen, ein lohnender Trade in dieser Aktie!

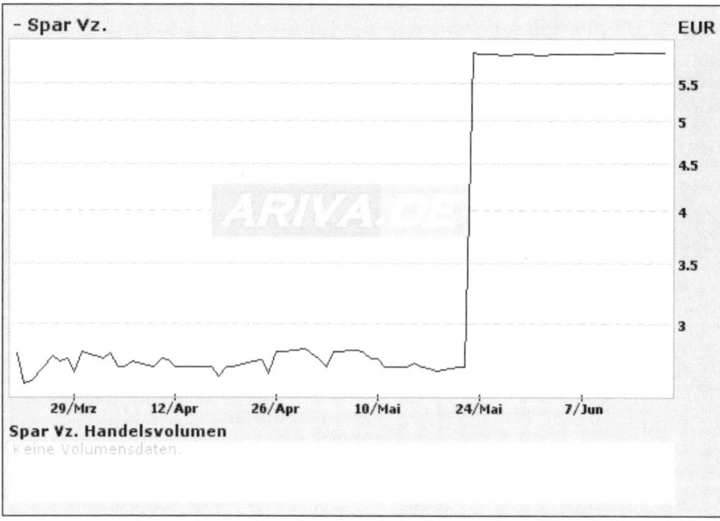

Abdruck mit freundlicher Genehmigung von Ariva

Ein neuer Tag beginnt

Es ist Freitag, der 08.06.2001.

Mein Arbeitstag beginnt um 8.15 Uhr. Auf meinem Informationsbildschirm kann ich die Headlines der wichtigsten Tickernachrichten entnehmen. Ich kontrolliere die Börsenschlusskurse der wichtigsten USA Indizes (Dow-Jones, S & P 500 und die Nasdaq) sowie zusätzlich den Nachhandel der asiatischen Börsen (Nikkei und den Hang-Seng). Überall keine aufregenden Meldungen bzw. keine Nachrichtenlage, welche ein sofortiges Handeln erforderlich macht.

Daher versuche ich wichtige Informationen zu finden, diese zu filtern und zu analysieren, um daraus Handelsentscheidungen ableiten zu können. Auf einem zweiten Bildschirm betrachte ich einige Börsenseiten im Internet, um dort eventuell neue Informationen zu finden. Ebenfalls viel Junk und nur wenige geeignete Nachrichten, welche gegebenenfalls Kurssteigerungen bewirken könnten. Sie sollten sich hierbei auf ein Verhältnis von ca. 98 : 2 einstellen.

Eine Empfehlung geht dahin, Computer Links zu akkumulieren. Ein Bankhaus stuft Singulus mit „buy" ein. Kontron, PSI, Infor Business Solution sowie Hunzinger haben heute Hauptversammlung.

- 9.59 Uhr: Ich stelle fest, dass Ce Consumer höher steigen als der Gesamtmarkt (6,2 Prozent).
- 10.32 Uhr: Bei Ahold wird von Lehmann Brothers das Kursziel angehoben.
- 11.05 Uhr: VW wird als Outperformer eingeschätzt.
- 11.39 Uhr: Empfehlung, den Emissionswert Zentaris spekulativ zu kaufen.
- 12.38 Uhr: SAP SI wird gesucht und steigt entsprechend.
- 12.40 Uhr: Kaufempfehlungen für Pfeiffer, wiederum Singulus, In-Motion, Elmos und Rhein Biotech.

Ich konzentriere mich jedoch auch den Wert VIZ.R.T. Dieser steigt um 12.00 Uhr über 1, 50 EUR mit weiterhin größerer Nachfrage. Bei 1,60 EUR steht das Einstiegssignal. Der Absicherungsstopp liegt bei 1,48 EUR. Der Wert steigt die nächsten Stunden weiter. Jeweils bei einer Steigerung von 10 Cents wird der Stopp dynamisch nachgezogen und angepasst. Die Aktie geht in der Spitze bis 1,95 EUR. Bei 1,85 EUR erfolgt die Ausstoppung und damit die Glattstellung der Position.

Abdruck mit freundlicher Genehmigung von Ariva

Ebay/USA Börse Nasdaq

Betrachten Sie bitte am nachfolgenden Beispiel den Kursverlauf dieser Aktie über den Zeitraum von zwei Monaten, von Anfang April bis Juni 2001.

- 06.04.2001: Wert nach Analystentagung gefragt.
- 19.04.2001: Gute Geschäftszahlen präsentiert.
- 19.04.2001: Schätzungen werden übertroffen.
- 20.04.2001: Starkes Firmenwachstum.
- 20.04.2001: Gutes Geschäftsmodell.
- 24.04.2001: Kaufen (Hornblower).
- 02.05.2001: Kaufen (Der Aktionär).
- 07.05.2001: Kaufen (Euro am Sonntag).

Sie sehen, laufend gute Meldungen am Stück. Dies war der Grund, weshalb der Wert in diesem Zeitraum über 100 Prozent zulegen konnte. Ein sehr gutes Investment mit häufigen Einstiegsmöglichkeiten.

Abdruck mit freundlicher Genehmigung von Ariva

Achtung: Ich habe in meinen Ausführungen bewusst nur positive Trades geschildert, um Ihnen den Ansatz, den Einstieg, die Vorgehensweise und die Umsetzung des Kurzzeithandels zu schildern. In mehreren Passagen dieses Buches habe ich auf das zahlenmäßige Verhältnis zwischen positiven und negativen Trades verwiesen. Auf meiner Beobachtungsliste sind auch genug Werte, die meine Erwartungen nicht erfüllen, sich neutral verhalten bzw. nach dem Einstieg auch gegen meine Trendrichtung laufen. Damit genug. Ich glaube, Sie wissen, was ich damit ausdrücken möchte.

„Short gehen“

Bei einem Marginkonto in den USA können Sie auch auf dortige Aktienwerte „short gehen“. Dies bedeutet, dass Sie auch auf fallende Kurse spekulieren können, um damit gutes Geld zu verdienen. Extrem schlechte Sektoren, wie beispielsweise der Internet- oder IT-Bereich, eröffnen immense Tradingchancen, gerade in diesem speziellen Bereich.

Alternativen und Weiterentwicklung

10

Kurzzeitspekulation mit dem Future

Wie wir bisher erfahren und zusammen erarbeitet haben, wird in aller Regel der Börseninteressierte das Daytrading mit dem Instrument der Aktie beginnen. Damit wird er über einen längeren Zeitraum Erfahrung sammeln und entweder in diesem Marktsegment verbleiben oder Alternativen entwickeln, sich in andere Bereiche einarbeiten und neue Herausforderungen suchen.

Zwangsläufig stößt er dann auf den Futurehandel, der die logische Weiterentwicklung im schnellen Börsengeschäft darstellt. Er gehört zur Gruppe der so genannten Derivate, zu der auch der Handel mit Optionen zählt. Der Future ist ein künstlich geschaffenes Börseninstrument, welches im Börsengeschäft einen wichtigen Zweck erfüllt. Es wird unterschieden zwischen:

- Warenfutures (Landwirtschaft, Energie, Metalle)
- Finanzfutures (Währungen, Zinskontrakte und Börsenindizes)

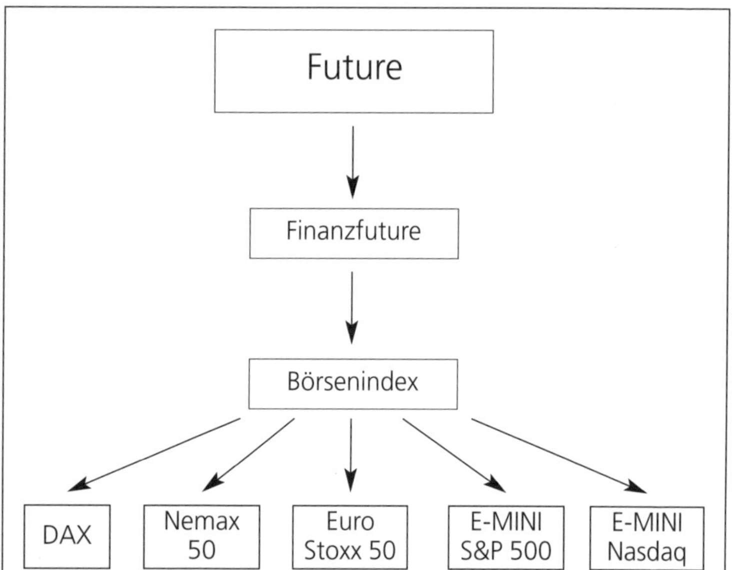

Uns interessieren an dieser Stelle nur die Börsenindizes wie:

- DAX
- Nemax 50
- Euro Stoxx 50
- Standard & Poors 500
- Nasdaq

Die Definition des Future lautet: Hinsichtlich Menge, Qualität und Liefertermin standardisierter Terminkontrakt, bei welchem zu einem bestimmten, zukünftigen Zeitpunkt ein vereinbartes Handelsobjekt zu liefern bzw. abzunehmen ist. Es handelt sich hierbei um einen beiderseits verpflichtenden Vertrag.

Praxis-Tipp:

Der Future ist das absolute Instrument für eine Kurzzeitspekulation. Die überwiegende Anzahl dieser Spekulanten verbleibt nur sehr kurze Zeit (Minuten) im Markt und versucht, aus den Volatilitäten der Indizes seine Gewinne zu erzielen. Diese Art des Handels wird nicht umsonst die „Königsklasse" genannt. Hierfür ist einiges an Technik, Fachwissen und Erfahrung notwendig. Voraussetzung für diese Art des Handels ist die Börsentermingeschäftsfähigkeit.

Folgende Handelsmöglichkeiten sind gegeben: **Long-Position**, d.h. Sie setzen auf steigende Kurse, genau wie bei der Aktie. **Short-Position**, d.h. Sie spekulieren auf fallende Kurse. Bei dieser besonderen Art des Handels ist eine Sicherheitseinzahlung, eine so genannte Margin, zu leisten, da durch die Hebelwirkung hohe Summen bewegt werden und auch mit „Leerverkäufen" gearbeitet wird.

Verdoppeln Sie Ihre Chancen: Gewinn bei fallenden Kursen

Der wesentlichste Unterschied des Futurehandels zum Daytrading mit Aktien liegt darin, dass Sie hierbei auch mit „Leerverkäufen" arbeiten können. Dies bedeutet, dass Sie auch bei fallenden Kursen exakt gleich viel Geld verdienen können wie bei steigenden Märkten. Vorausgesetzt, die von Ihnen vorher gewählte Richtung stimmt.

Dies vergrößert Ihre Möglichkeiten natürlich immens. Denken Sie nur an den Crash der letzten 15 Monate. Welches Geld hätte man in dieser Zeit bei fallenden Kursen verdienen können?

Beispiel:

Sie tätigen einen so genannten Leerverkauf. Dabei verkaufen Sie einen Futurekontrakt, ohne diesen zu besitzen. Mit dieser Taktik spekulieren Sie auf einen fallenden Kurs des Underlyings (z.B. DAX) in der Hoffnung, diesen kurze Zeit später wieder billiger einkaufen zu können. Die Differenz aus diesem Geschäft ist Ihr Gewinn.

Sie verkaufen einen DAX-Kontrakt bei 6.500 Punkten und gehen damit short. Der DAX fällt innerhalb weniger Minuten auf 6.480 Punkte. Zu diesem Zeitpunkt kaufen Sie einen DAX-Kontrakt und gleichen damit Ihre Position aus. Die Differenz von 20 Punkten oder 500 EUR (20 Punkte x 25 EUR je DAX Punkt) ist Ihr Verdienst aus diesem Trade.

Zur Risikoabsicherung setzen Sie einen Stopp in die konträre Richtung, falls sich der Kursverlauf gegen Ihre Prognose wendet.

Weitergehende Literatur zu dieser Thematik finden Sie in den Literaturhinweisen dieses Buches.

Sicherheit und Daytrading schließen sich nicht aus

11

Begriffe, die nicht zueinander passen?

In großen Teilen der Literatur und von den selbst ernannten Besserwissern wird das Daytrading vordergründig als reine Zockerei bezeichnet. Angeblich 80 Prozent der Spekulanten, die Daytrading betreiben, würden mehr oder minder große Verluste erleiden. Verlässliche oder nachprüfbare Zahlen zu diesen pauschal gemachten Aussagen gibt es nicht, d.h. es wurden noch keine veröffentlicht.

Mir sind im Gegensatz dazu auch keine analogen Zahlen von Banken bekannt, wie sich die Verlust- bzw. Gewinnquote dieser Kunden zusammensetzt, die nach Beratung gekauft haben oder die längerfristig im Markt bleiben. Dieser Vorgang könnte sicherlich mit einem Knopfdruck durch die Computer errechnet werden!

Praxis-Tipp:

Der Daytrader, der sein Geschäft versteht und kontinuierlich Gewinne einfährt, wird aus verständlichen Gründen keinerlei Ambitionen haben, dies öffentlich zu machen. Derjenige jedoch, der die Grundregeln nicht beherrscht, dessen Persönlichkeit noch Defizite hat, der zu gierig oder vorsichtig ist, der ohne Absicherungsstopps arbeitet und die Sicherheitsregeln nicht beachtet, wird oftmals die Schuld nicht bei sich und seinen Unzulänglichkeiten suchen, sondern das System des Kurzzeithandels dafür verantwortlich machen. Dies ist schließlich wesentlich einfacher! Bilden Sie sich bitte hierzu Ihre eigene Meinung.

Dabei ist alles relativ leicht zu beschreiben: Der Kurzzeithandel an sich bedeutet bereits eine immense Risikominimierung für das eigene Kapital. Wenn Sie sich nur wenige Stunden oder nur einen bis maximal drei Tage im Markt befinden, werden Sie niemals solche negativen Kursstürze und Börsencrashs durchleben müssen, wie Sie in den letzten 15 Monaten leider zu beobachten waren. Es ist dann nicht möglich, dass Ihre Aktien aufgrund der verschiedensten Umstände so empfindlich an Wert verlieren, dass es an die Substanz geht. Erinnern Sie sich nur an den Neuen Markt, in dem sehr viele Werte 90 Prozent oder mehr verloren haben. Eine Aktie, die vormals bei 200 EUR stand, ist jetzt nur noch 10 EUR wert. Stellen Sie sich die Situation vor, wenn Sie beabsichtigen, diese Aktie auszusitzen, bis sie vielleicht wieder den Einstiegswert erreicht. Jahrelanges Warten, viel Glück und festes Sitzfleisch sind sicherlich die einfacheren Grundvoraussetzungen hierfür. Falls Sie diese prozentuale Kurssteigerung ausrechnen möchten, empfehle ich Ihnen einen Taschenrechner.

Wichtig: Beim Daytrading teilen Sie jedoch klugerweise Ihr Tradingkapital in einzelne Einheiten auf, sind jeweils nur mit wenigen Einheiten im Markt und sichern jeden Trade mit einem Absicherungsstopp bei ca. 5 Prozent ab. Zusätzlich halten Sie jeweils eine Cash-Position als „eiserne Reserve" zurück.

Vergleichen Sie am besten die einzelnen Taktiken und Argumente selbst.

Gezieltes Risk-Management

Diese Frage beschäftigt sich mit den Geldbeträgen, die Sie bereit sind zu riskieren, um einen Gewinntrade zu erzielen. Sie müssen demnach für sich eine Schmerzgrenze festlegen, diese aushalten und akzeptieren können. Der Preis für diese Schmerzgrenze könnte langfristig sehr lohnend sein, denn er wird sicherlich mit entsprechenden Gewinntrades versüßt. Folgende Fragen müssen Sie sich beantworten:

- Welchen Betrag meines Kapitals bin ich bereit, pro Aktienkauf ins Risiko zu bringen (Empfehlung: 0,5 bis 1 Prozent)?
- Bei welchem Betrag setze ich meinen Absicherungsstopp (Empfehlung: 5 Prozent unter Kaufkurs)?
- Welchen Prozentsatz meines bereits erzielten, aber noch nicht realisierten Gewinnes bin ich bereit, weiter zu riskieren (Empfehlung: 4 Prozent)?

- Welchen Prozentsatz meines Kapitals bin ich bereit, pro Tag zu riskieren, bevor ich meine Börsensitzung beende (Empfehlung: maximal 3 Prozent)?

Überlegtes Money-Management

Alle Überlegungen hierzu befassen sich mit den Auswirkungen Ihrer Tradingentscheidungen in Bezug auf das Ihnen zur Verfügung stehende Kapital.

Praxis-Tipp:

Absolute Zielsetzung muss es sein, Ihr Kapital in optimaler Weise einzusetzen. Dazu müssen Sie Folgendes erreichen:

- Eine hohe Rendite für Ihr eingesetztes Kapital, verbunden mit einem Schmerzensgeld für das eingegangene Risiko zu erhalten.
- Sie müssen in der Lage sein, Ihre weitere Tradingfähigkeit sicherzustellen. Darunter verstehe ich, dass Sie jederzeit finanziell in der Lage sind, Einstiegschancen zu nutzen und laut Ihrem Tradingplan agieren zu können!

Maschinelles Arbeiten mit Stopp-Loss-Orders

Achtung: Diese Absicherungstaktik ist von herausragender Bedeutung, insbesondere für einen Daytrader, der von seinem ganzen Tradingverhalten her nicht in der Lage ist, überproportionale Kursverluste auszusitzen. Diese Form des Absicherungsstopps stellt im übertragenen Sinne den „Airbag für das Daytrading" dar. Wenn Sie an dieser Reißleine ziehen, was ich Ihnen nur dringend empfehlen kann, sind Sie bereits auf dem richtigen Wege und haben eine hohe Überlebenschance in diesem schnellen Börsensegment.

Was ist nun eine Stopp-Loss-Order?

Diese stellt einen Verkaufsauftrag für Ihren Direktbroker dar. Bei dieser Orderform wird ein Auftrag bestens ausgeführt, sobald ein bestimmter Kurs unterschritten wird. Damit können Sie in zwei Richtungen agieren: Erstens Ihren Aktienkauf absichern, falls sich der Kurs in die falsche Richtung bewegen sollte. Zweitens den Stopp im Gewinnfalle dynamisch nachziehen, um damit bereits erzielte Gewinne abzusichern.

Beispiel:

Sie kaufen ein Aktienpaket mit einem Kurswert von 3.000 EUR. Dieses setzt sich zusammen aus 100 Aktien x 30 EUR. Den Absicherungsstopp setzen Sie 5 Prozent unter den Kaufkurs von 30 EUR, d.h. auf 28,50 EUR. Fällt nun entgegen Ihrer Kaufeinschätzung der Aktienkurs auf 28,50 EUR oder darunter, hat die Brokerbank den Auftrag, Ihre Aktien sofort bestens zu verkaufen. Dies bedeutet konkret, dass die Verkaufsorder zum nächsten handelbaren Börsenkurs ausgeführt wird und Sie aus dem Markt sind. Entwickelt sich nun der Börsenkurs wie von Ihnen prognostiziert, d.h. er steigt bis 33 EUR an, ziehen Sie ihren Absicherungsstopp auf 31,80 EUR nach. Entwickelt sich der Kurs weiter nach oben, z.B. auf 35 EUR, ziehen Sie Ihren Absicherungsstopp auf 33 EUR nach. Bei weiteren Kurssteigerungen passen Sie Ihren Stopp entsprechend dynamisch an.

Praxis-Tipp:

So haben Sie die große Chance, auch längere und damit hohe Kurssteigerungen ziemlich risikolos mitzunehmen. Ich würde es Ihnen in einer solchen Phase anraten, den Kurs so lange weiter laufen zu lassen, bis Sie ausgestoppt werden oder der Verkaufsdruck auf die Aktie ersichtlich wird.

Wichtig: Die erste Zeit sollten Sie nur mit einer Position traden. Erst wenn Sie diese wieder geschlossen haben, beginnen Sie einen neuen Handel. Erst im Laufe der Zeit (nach mindestens ein bis zwei Monaten) sollten Sie sich gleichzeitig an mehrere Positionen heranwagen, weil Sie vorher noch nicht über die nötige Übersicht und Routine verfügen.

Diese Vorgehensweise wird Ihnen im ersten Moment etwas konservativ oder langweilig erscheinen. Sie ist jedoch auf Langfristigkeit und kontinuierliche Gewinne ausgelegt. Machen Sie sich doch die Mühe und rechnen Sie eine mögliche Performance für ein Jahr aus, wenn Sie börsentäglich nur einen Nettogewinntrade, ausgehend von einem Tradingeinsatz von jeweils 3.000 EUR und einem 10-prozentigen Gewinn, erzielen. Sie werden sehr erstaunt und gleichzeitig hocherfreut sein. Dann nämlich macht Daytrading richtig Spaß!

Zurückhalten einer Cash-Position

Ich bin davon überzeugt, dass es ein Zeichen der Vernunft ist, niemals voll investiert zu sein. Sie sehen es an der aktuellen Börsensituation. Derzeit sind sehr gute Kaufkurse zu beobachten, auch bei fundamental exzellenten Titeln. Wenn nun kein disponibles Geld mehr zur Verfügung steht, um gezielt einkaufen und die sich bietenden Chancen nutzen zu können, ist dieses Verhalten einfach als nicht professionell zu bezeichnen.

Wichtig: Halten Sie mindestens 25 Prozent Ihres Tradingkapitals als Cash-Position für geeignete Situationen zurück und gehen Sie nie unter die Sicherheitsreserve von 10 Prozent.

Die mentale Einstellung macht's

12

Daytrading – eine Wissenschaft für sich

Das Daytrading unterscheidet sich vom normalen Börsengeschehen in wesentlichen Bereichen:

- Es interessieren Sie hierbei keine Fundamentaldaten der Unternehmen.
- Der wahre oder faire Wert einer Firma ist sekundär.
- Die Spekulation auf eine Dividendenrendite entlockt Ihnen nur ein leises Lächeln.
- Der Shareholder-Value einer Firma ist zwar schön, aber unbeachtlich.
- Unternehmensziele, langfristige Perspektiven oder auch die Branche Ihres Aktienwertes sind als nachrangig zu betrachten.
- Die Firmengröße oder die Anzahl der Beschäftigten sind für Sie keine Kaufargumente.
- Die Beachtung des steuerlichen Aspektes ist für Sie kein entscheidendes Kriterium.

Praxis-Tipp:

Für Ihre Entscheidung interessant ist nur die Volatilität innerhalb eines Aktienwertes. Wichtig ist es, die Ausgangspunkte bzw. Ursachen einer Kurssteigerung möglichst schnell zu erkennen, auf den Zug vorzeitig aufzuspringen, seine Position abzusichern und beim Abebben der Kursrallye rechtzeitig vor, auf oder sofort nach dem Gipfel wieder auszusteigen und sich in der nächsten Aktie zu versuchen. Ein hohes Informationsbedürfnis, eine gute Analysetechnik, schnellste Orderaufgaben und kürzeste Entscheidungsmomente zeichnen den modernen Daytrader aus.

Vertrauen Sie in Ihre eigenen Fähigkeiten

Mir ist kein Daytrader bekannt, der 50-mal in die Märkte einsteigt und nur positive Trades durchführt. Es muss Ihnen absolut klar und verständlich sein, dass bei dieser Art des Handelns positive, neutrale und negative Trades abwechseln. Daher gibt es auch keinen Grund, bei einem Verlusttrade den Kopf hängen zu lassen oder unendlich über den Ursachen zu brüten. Sie versperren sich dadurch nur den Weg, eine neue Chance zu erkennen und die Verluste wieder aufzuholen. Analysieren können Sie nach Börsenschluss.

Sie müssen daher genug Selbstvertrauen haben und von Ihren fachlichen und persönlichen Fähigkeiten überzeugt sein, ohne den Boden der Realität zu verlassen. Eine starke, gefestigte und kühl agierende Persönlichkeit mit hoher Entscheidungsfreudigkeit ist hierbei gefragt.

Ein langer Atem ist entscheidend

Wir durchleben bereits seit 15 Monaten an allen Weltbörsen einen sehr schlimmen Salamicrash, der nun in der Spitze auch massive Auswirkungen auf die entsprechenden Volkswirtschaften nach sich zieht.

Vor allem wir in Deutschland sind durch die katastrophalen Kursverluste am Neuen Markt arg in Mitleidenschaft gezogen worden. Gerade dieses neue Marktsegment, das als Gelddruckmaschine für innovative Firmen angesehen wurde und in einem wahren „Börsenfieber" weiten Bevölkerungskreisen das Interesse an der Börse vermittelte, hat einen gewaltigen Absturz erlebt. Hunderttausende von Menschen haben einen beträchtlichen Teil Ihres eingesetzten Kapitals verloren und sind nun vorübergehend oder auch gänzlich von der Börse kuriert. Das Vertrauen vieler Anleger in die Börse und die daraus resultierenden Chancen müssen erst langsam wieder aufgebaut werden. Wäre in Deutschland eine höhere Börsenkultur vorhanden gewesen, so hätte diese das Debakel am Neuen Markt teilweise vermindern können.

Ein notwendiger und überfälliger Schritt seitens der Deutschen Börse war es sicherlich, dass verschärfte Richtlinien und Kontrollmechanismen geschaffen wurden, um den Anlegern mehr Sicherheit und Transparenz zu bieten.

Wichtig: Ihr beabsichtigtes Daytrading sollte unbedingt auf Langfristigkeit ausgerichtet sein. Sie können nicht erwarten, mit einem Einsatz von 20.000 bis 30.000 EUR finanziell unabhängig oder innerhalb kurzer Zeit Börsenmillionär zu werden. Jedoch wird dieses Tradingkapital in aller Regel ausreichen, um sich ein zweites, sehr interessantes Standbein und eine lukrative Zusatzeinnahme zu verschaffen.

Die eingebauten Sicherheitsmaßnahmen sind wirksam und schaffen die Grundlagen für einen langen Atem – und der ist an den Börsen entscheidend. Vergessen Sie auch nicht, dass Sie mit jedem Börsentag und jedem durchgeführten Trade erfahrener und sicherer werden und Sie dadurch die Qualität Ihrer Handelentscheidungen laufend verbessern.

Praxis-Tipp:

Ihr Vorhaben kann nur funktionieren, wenn Sie über die nötige Ausdauer verfügen und die oftmals beschriebene Disziplin an den Tag legen. Denn nur so bleiben Sie „im Spiel". Und nur wer im Spiel bleibt, hat die Chance, jeden Tag neu an der Börse zu verdienen.

Kurzzeitspekulation hat Zukunft

Aufgrund der beschriebenen Marktsituation bin ich der Überzeugung, dass in Verbindung mit den Möglichkeiten der modernen Technik ein Großteil der Börsenspekulanten auf den Kurzzeithandel übergehen wird.

Die Anzahl der privaten Daytrader wird dabei überproportional ansteigen, da dieser Zielgruppe ein immer besseres technisches Equipment zu immer günstigeren Preisen angeboten wird. Auch dürften viele Börsianer, die bisher blind den Empfehlungen, Ratschlägen und Meinungen vieler Analysten oder selbst ernannter Börsengurus folgten, im Laufe der Zeit kuriert sein. Psychologisch gesehen werden immer mehr Trader Ihr Börsengeschäft selbst in die Hand nehmen und eigenverantwortlich handeln. Und das ist gut so.

Wenn es mir gelungen ist, Ihnen zumindest teilweise neue Erkenntnisse, Gedanken, Überlegungen, Verhaltensweisen und Strategien auf diesem neuen und modernen Börsenweg mitzugeben, durch welche Sie Ihr persönliches Trading verbessern und damit Ihre Gewinnchancen erhöhen, hat dieses Buch, so meine ich, seinen Zweck bestens erfüllt.

Ich wünsche Ihnen für Ihr zukünftiges Agieren an den Börsen viel Erfolg und gute Trades!

Lexikon des Daytrading

13

Nur die Kenntnis relevanter Fachbegriffe und deren Zusammenhänge ermöglicht es Ihnen, stichhaltig zu argumentieren und zu korrespondieren.

Ad-hoc-Mitteilungen

Nach dem Gesetz sind Aktiengesellschaften verpflichtet, kursbeeinflussende Unternehmensnachrichten zu veröffentlichen.

Arbitrage

Ausnutzung von Kursunterschieden an verschiedenen Börsenplätzen.

Ask

Briefkurs (Angebot).

Ask-Size

Anzahl der angebotenen Aktien.

Baisse

Ausgeprägter Kursrückgang an den Börsen. Die Kurseinbußen erstrecken sich beim Wertpapierhandel über den Aktien- und Rentenmarkt oder zumindest auf sehr wichtige Teilbereiche eines dieser Märkte. Das Gegenteil nennt man Hausse.

Bid

Geldkurs (Nachfrage).

Bid-Size

Anzahl der nachgefragten Aktien.

Bearish

Die Kurse gehen steil nach unten. Pessimisten beherrschen den Markt.

Broker

Wertpapiermakler. Berufsmäßige Bezeichnung aus dem Angelsächsischen. Im Unterschied zum deutschen Makler darf der Broker auch Kundengeschäfte tätigen.

Bullish

Die Kurse gehen steil nach oben. Optimisten beherrschen den Markt.

Candle-Stick-Charts

Japanische Chartbalken mit Dochten. Standardchart für Daytrader aufgrund der hohen Aussagekraft.

Chart

Grafische Darstellung von Kursverläufen einzelner Wertpapiere oder auch von Branchen- und Börsenindizes. Teil der technischen Analyse.

Computerbörse

Börsentyp (z.B. der Handel im Xetrasystem oder an der Eurex), bei dem der gesamte Handelsprozess komplett vollelektronisch und damit automatisiert abläuft. Dies beginnt mit der computerunterstützten Ordereingabe, der elektronischen Weiterleitung an die Börse sowie der Auftragsbestätigung und späteren Abrechnung der durchgeführten Trades.

DAX

Kürzel für Deutscher Aktien Index. Der Dax enthält die Kurse von derzeit 30 deutschen Standardwerten. Auswahlkriterien für die einzubeziehenden Gesellschaften sind Umsatzstärke, Börsenkapitalisierung, Vorhandensein früher Eröffnungskurse und Branchenrepräsentativität. Das Gewicht einer Aktie im Index bemisst sich nach dem Anteil an der gesamten Kapitalisierung. Hierzu wird der Kurs jeder Aktie mit der an der Frankfurter Wertpapierbörse zugelassenen und für lieferbar erklärten Anzahl der Aktien gewichtet.

Derivate

Dies sind besondere Börseninstrumente, deren Preis sich aus dem Kurs von anderen Wertpapieren bzw. Finanzprodukten ableitet. Bekannte Beispiele sind Futures, Optionen oder Swaps.

Dividende

Darunter ist der Gewinn zu verstehen, der anteilig für eine Aktie von der Aktiengesellschaft ausgeschüttet wird.

Dow-Jones-Index

Schon vor der Jahrhundertwende veröffentlichte das Verlagshaus Dow Jones & Co. für die New York Stock Exchange (NYSE-) Indizes über 30 Industrieaktien, 20 Eisenbahnwerte, 15 Energieversorgungsaktien und einen Gesamtindex aller 65 Werte. Besonders der Industrieindex genießt durch seine schnelle Verbreitung und Bedeutung weltweite Beachtung und gilt daher als „der" Dow-Jones-Index.

Fairer Wert

Damit wird der gerechte Marktpreis einer Aktie bezeichnet.

Fundamentalanalyse

Für das Daytrading nicht geeignet. Ziel ist es dabei, den angemessenen oder fairen Wert einer Aktie zu berechnen. Dies geschieht durch eine Bilanzanalyse, die dann ein Kurs-/Gewinn-Verhältnis und eine Dividendenrendite ausdrückt.

Futures

Hinsichtlich Menge, Qualität und Liefertermin standardisierte Terminkontrakte, bei welchen zu einem bestimmten zukünftigen Zeitpunkt ein dem Geld- und Kapital-, Edelmetall- oder Devisenmarkt zugehöriges Handelsobjekt zum börsenmäßig festgesetzten Kurs zu liefern bzw. abzunehmen ist. Häufig ist bei derartigen Kontrakten (z.B. Terminkontrakten auf Basis von Aktienindizes) zur Erfüllung der bestehenden Verpflichtung (an Stelle einer körperlichen Wertpapierlieferung oder -abnahme) eine Ausgleichszahlung in Geld zu leisten.

Gap

Kurslücke zwischen dem Schlusskurs und dem Eröffnungskurs einer Börsennotierung (Aktie, Indize ect.).

Hausse

Kurssteigerungen an der Wertpapierbörse und damit wirtschaftlicher Aufschwung und Hochkonjunktur. Der Kursanstieg hält über einen längeren Zeitraum an. Oft ist ein Kursanstieg auf einzelne

Wertpapierbereiche beschränkt. Das Gegenteil einer Hausse ist die Baisse.

Index

Steht für die Entwicklung einer bestimmten Gruppe von Wertpapieren (DAX, M-DAX, Neuer Markt, Dow-Jones).

Indikatoren

Werden bei der technischen Analyse eingesetzt. Sie sollen konkrete Kauf- und Verkaufshinweise geben. Weiterhin können damit Divergenzen im Kursverlauf untersucht werden.

Long

Es wird eine Kaufposition eröffnet in der Erwartung steigender Preise.

Margin

Differenz, Spanne, Einschuss. Beim Futurehandel ist darunter die Hinterlegung von Sicherheitseinlagen zu verstehen, die dann erst Geschäfte mit dem Future ermöglichen.

Oszillatoren

Dieser Begriff kommt ursprünglich aus der Physik. Sie erzeugen Schwingungen und pendeln auf und ab. Werden in der technischen Analyse eingesetzt.

Over-Night-Trading

Dabei wird eine Futureposition nicht am selben Tage glattgestellt, sondern über Nacht gehalten. Dabei wird bewusst ein sehr hohes Risiko eingegangen in der Hoffnung, damit Vorteile aus so genannten Gaps erzielen zu können.

Range

Differenz zwischen dem Höchstkurs und dem Tiefstkurs einer Aktie während eines genau fixierten Zeitabschnittes, z.B. Tages-Range.

Realtime Kurse

Gegen Bezahlung stellt die Deutsche Börse für alle gelisteten Aktien (Xetra) Echtzeitkurse zur Verfügung. Die aus dem Internet ersichtlichen Kurse haben in der Regel eine zeitliche Verzögerung von mindestens 15 Minuten.

Short

Es wird eine Verkaufsposition eröffnet in der Erwartung fallender Kurse. Leerverkauf.

Spread

Marge. Auch Differenz zwischen Geld- und Briefkurs, An- und Verkaufspreisen sowie zwischen Zinssätzen.

Stopp-Buy-Order

Wird ein festgesetztes Limit erreicht, wird aus dem limitierten Kaufauftrag ein Billigst-Auftrag, welcher zum nächsten Kurs ausgeführt wird.

Stopp-Loss-Order

Wird ein festgesetztes Limit erreicht, wird aus dem limitierten Verkaufsauftrag ein Bestens-Auftrag, welcher zum nächsten Kurs ausgeführt wird.

Technische Analyse

Sie hat das Ziel, Kursprognosen und Kurspotenziale abzuleiten, um damit den optimalen Zeitpunkt für Kauf- oder Verkaufsentscheidungen zu erkennen.

Tick

Kleinste Kursveränderung bei Börsengeschäften.

Trader

Händler an den Börsen.

Trading

Handel an den Börsen.

Transaktion

Kauf oder Verkauf eines Wertpapiers.

Transaktionskosten

Gebühren, die beim Kauf oder Verkauf eines Wertpapiers anfallen.

Volatilität

Zeigt die Schwankungsbreite eines Kurses. Sie dient als Maß für erwartete und tatsächliche Kursbewegungen und für die Beurteilung der Gewinn- und Verlustwahrscheinlichkeit. Hohe Volatilität steht für starke Kursbewegungen, die für einen Daytrader eminent wichtig sind.

Xetra

Voll elektronisches Börsenhandelssystem für Aktien.

Hilfreiche Adressen

14

Discountbroker

Advance Bank AG
Postfach 20 03 13
80003 München
Internet: www.advance-bank.de

Allgemeine Deutsche Direktbank
Baseler Str. 27–31
60329 Frankfurt
Internet: www.diba.de

Citibank
Kasernenstr. 10
40213 Düsseldorf
Internet: www.citibank.de

eQ
Goetheplatz 4
60311 Frankfurt
Internet: www.eQonline.de

Comdirekt Bank AG
25449 Quickborn
Internet: www.Comdirekt.de

Postbank Easy Trade AG
Edmund-Rumpler-Str. 3
51149 Köln
Internet: www.easytrade.de

ConSors Discount-Broker AG
Johannesgasse 20
90402 Nürnberg
Internet: www.ConSors.de

Entrium Direkt Bankers AG
Karl-Martell-Str. 66
90320 Nürnberg
Internet: www.Entrium.de

Direkt Anlage Bank
Landsberger Str. 428
81241 München
Internet: www.Diraba.de

Fimatex AG
Mainzer Landstr. 46
60325 Frankfurt/M.
Internet: www.Fimatex.de

max blue
Ulmenstraße 27–39
60325 Frankfurt
Internet: www.maxblue.de

NetBank
Präsident-Krahn-Str. 16–17
22765 Hamburg
Internet: www.netbank.de

Pulsiv AG
Postfach 10 10 65
47010 Duisburg
Internet: www.pulsiv.com.de

SEB direct
Ben-Gurion-Ring 164
60437 Frankfurt/M.
Internet: www.sebdirect.de

Österreich

Volksbank Direkt
Postfach 341
A-6900 Bregenz
Internet:
www.volksbankdirekt.at

Postsparkasse
Georg-Coch-Platz 2
A-1018 Wien
Internet: www.tb.psk.co.at

Schweiz

SAVIS AG
Sennweidstr. 46
CH-6312 Steinhausen/Zug
Internet: www.savis.ch

Swissbrokers
Picassoplatz 5
CH-4002 Basel
Internet:
www.swissbrokers.com

YOUTRADE
Internet: www.youtrade.com

Daytrading-Center

Actior AG
Abteistr. 34
20149 Hamburg
Internet: www.actior.de

Fasttrade AG
Magnusstr. 11
50672 Köln
Internet: www.fasttrade.de

Specta
Schaffhausen Str. 87
79761 Waldshut-Tiengen
Internet: www.specta.de

Trading-house net AG
Friedrichstr. 78
10117 Berlin
Internet:
www.trading-house.net.de

Technical Traders Frankfurt
Louisenstr. 125
63348 Bad Homburg
Internet: www.t-t-f.de

Internetseiten

Aktiencheck.de

Aktienpicker.de

Aktienresearch.de

Aktientreff.de

Aktienwelt.net

Ariva.de

Boerse.de

Boersenagent.de

Boersenlinks.de

Boersenlotse.com

Boerse-online.de

Brokerportal.de

Brokerworld.de
Candlestick.de
Charttec.de
Csfbdirect.com
Datek.com
Depotspider.de
Deutsche-boerse.com
Deutsche-boerse/nm
Direktrat.de
Diskountbroker.de
Dm-online.de
Dowjones.com
Downloadquotes.com
Der aktionaer.de
Etrade.com
Financial.de
Finanzen.net
Finanz-links.de
Ftd.de
Focus-money.de
Freerealtime.com
Gatrixx-finanztreff.de
Handelsblatt.de
Instock.de
Internetaktien.de
Interstoxx.de
Investnetwork.com
Investorworld.de
Ipo-watch.de
Jopo.de
Lp-software.de
Ls-d.de
Netipo.de
Newstrader.de
NM-inside.de
Onvista.de
Pipeline.de
Prophetfinance.com
Schnigge.de
Schwab.com
Stockcharts.de
Stockwatch.de

Stockworld.de

Sueddeutsche.de

Technical-investor.de

Tec-trader.com

Teledata.de

Tradewire.de

Vwd.de

Wallstreet-inside.de

Wallstreet-online.de

Webstreet.com

Welt.de

Wiwo.de

Wsj.com

Yahoo.de

Literaturhinweise

Barnes, Robert M.: Das Buch zum Daytrading, TM Börsenverlag

Borsellino, Lewis: Die Daytrader, FinanzBuch Verlag

Cooper, Jeff: Hit and Run Strategien, FinanzBuch Verlag

Eckert, Horst: Börsentraining im Internet, Walhalla Fachverlag

Florek, Erich: Neue Trading Dimensionen, FinanzBuch Verlag

Jumpertz, Norbert: Internet Brokerage, Walhalla Fachverlag

Patel, Alpesh B.: Trading Online, Verlag Markt und Technik

Priermeier, Thomas: Geld verdienen mit Daytrading, Verlag MI Börse

Rapf, Franz: Aktien: Wann kaufen? Wann verkaufen?, Walhalla Fachverlag

Ross, Joe: Day-Trading, FinanzBuch Verlag

Schwager, Jack D.: Magier der Märkte, Börsenmedien

Schwarz, Daniel: Internet-Börse, Walhalla Fachverlag

Daytrading-Beratung mit Georg Hierstetter

An der Technik der Kurzzeitspekulation führt in der Zukunft kein Weg mehr vorbei. Ob Sie dies ausschließlich praktizieren oder nur mit einem Teil Ihres Börsenkapitals, bleibt Ihrem Anlegerverhalten überlassen.

Gerade die weltweiten Kursverluste der letzten 15 Monate, und – damit verbunden – die negativen Erfahrungen sehr vieler Börsianer werden dazu beitragen, dass ein Umdenkprozess bei vielen Spekulanten einsetzt.

Praxis-Tipp:

Ich selbst betrachte das Daytrading mit Aktien (die eigene Aktivität in der Börsenwelt), wenn es mit der notwendigen technischen Unterstützung und der erforderlichen persönlichen und fachlichen Eignung betrieben wird, als eine sehr intelligente Art des modernen Börsenhandels. Durch überlegte Kurzzeitspekulationen vermindern Sie Ihr Marktrisiko entscheidend, und durch Ihre persönliche Weiterentwicklung auf zusätzliche Tradinginstrumente, wie den Futurehandel oder auch auf die Strategie der so genannten Leerverkäufe, verschaffen Sie sich die Möglichkeiten, auch bei fallenden Aktienkursen richtig Geld verdienen zu können. Und wie wichtig dies ist, ersehen wir alle aus der schlimmen Börsentalfahrt der letzten 15 Monate.

Die Handelsmöglichkeiten über Ihren Direktbroker, ergänzt mit weiteren technischen Finessen und abgerundet mit einer praktischen Einarbeitung, werden sicherlich Ihre Marktchancen erhöhen.

Schnelligkeit, Informationen, Analyse, Fachverstand und die richtige Taktik entscheiden an den Börsen über Gewinn oder Verlust. Und wer von uns möchte schon langfristig zu den Verlierern gehören?

Falls Sie noch nicht über die nötigen Kenntnisse verfügen oder diese verbessern möchten, bieten wir Ihnen Seminare zu folgenden Themen:

- Einsteigerkurs Daytrading
- Aufbaukurs Daytrading
- Professionelles Daytrading

Auch die neu gegründete Börsenakademie bietet mehrere Kurse an.

Bei Interesse bitten wir Sie, Unterlagen anzufordern.

Sie finden uns unter:

E.B.S. Elektronic-Brokerage-Service GmbH
Donaustaufer Str. 200
93059 Regensburg
Tel.: 0941/4 62 19-0
Fax: 0941/4 62 19-19
E-Mail: hierstetter@e-b-s-gmbh.de
Homepage: www.e-b-s-gmbh.de

Bei Fragen und Anregungen können Sie sich auch gerne direkt an mich wenden unter folgender E-Mail:

Georg.Hierstetter@t-online.de

Findex